Christoph Türcke

Heimat

Christoph Türcke

Heimat

Eine Rehabilitierung

Dank

an Oliver Decker für die kritische Lektüre

des Manuskripts

3. Auflage 2018

©zu Klampen Verlag · Röse 21 · D-31832 Springe

info@zuklampen.de · www.zuklampen.de

Satz: thielenVERLAGSBÜRO, Hannover

(Gesetzt aus der Concorde BE)

Druck: Clausen & Bosse, Leck

Umschlag: Matthias Vogel (paramikron), Hannover

ISBN-13: 978-3-934920-86-6

Bibliografische Information der Deutschen Bibliothek
Die Deutsche Bibliothek verzeichnet diese Publikation in der
Deutschen Nationalbibliografie; detaillierte bibliografische
Daten sind im Internet über ‹http://dnb.dnb.de› abrufbar.

Inhalt

Vorwort

Heimat ist ein deutsches Wort, das sich nicht umstandslos in andere Sprachen übersetzen läßt. Heim, Haus, Schutz, Seßhaftigkeit schwingen da mit. Heimat ist, wo man zu Hause, geborgen, mit allem vertraut ist. Das lateinische *patria* hat dagegen schon einen herrschaftlichen Anklang, spielt auf den Vater als die Recht und Ordnung setzende Autorität an, auch wenn das Vaterland im alten Rom noch nicht zu jener neuzeitlichen Größe geschwollen war, für die nationale Heere zu Marschmusik in die Schlacht ziehen, sondern ganz nüchtern das Land bedeutete, wo der Vater wohnte. Das französische *pays natal* oder das englische *native place* wiederum bescheiden sich beim Geographischen, geben lediglich das Land oder den Ort an, wo jemand geboren ist, ohne Verweis auf eine Autorität, aber auch ohne jeden Beiklang von Vertrautheit oder Geborgenheit. Letzteren hat am ehesten das englische *homeland*. Dennoch klingt es nüchterner. Es hat sich weniger Bedeutung, Erwartung, Sehnsucht darin abgelagert als in Heimat.

Heimat ist ein Idiom – schwer belastet mit Geschichte. Deutsche Romantik, deutsche Volkstümelei und deutscher Faschismus haben sich ausgiebig seiner bedient. Unzählige Male ist es mißbraucht und verhunzt worden. Nicht, daß es daran vollkommen unschuldig wäre. In jedem Wort steckt eine Prise Mehrdeutigkeit, jedes strahlt etwas Zwielicht aus. Es gibt keine reinen Worte, nur mehr oder weniger mißhandelte. Aber ihr Mißbrauch raubt ihnen keineswegs alle Berechtigung. Nur weil die Worte Freiheit und Gerechtigkeit so oft verdreht wurden, soll man sie nicht mehr verwenden dürfen? Im Gegenteil; ihr verantwortungsvoller Gebrauch wird um so dringlicher. Das gilt nicht minder für Heimat. Solange das Gefühl, das sich Heimweh nennt, bei kleinen und großen Kindern – und wer ist schon hundertprozentig erwachsen – nicht ausstirbt, gibt es keinen vernünftigen Grund, das Wort Heimat aus der deutschen Sprache zu tilgen. Es wird vielmehr Zeit, sich ihm erneut zu stellen. Es hat eine dunkle Geschichte, die der Erhellung bedarf, und es hat womöglich mehr Zukunft, als uns lieb ist. Je mehr Heimatlosigkeit die mobile, flexible neoliberale Welt mit sich bringt, desto mehr drängt sich Heimat auf.

1. Kindheit

Fragt man jemanden nach seiner Heimat, so will man gewöhnlich wissen, wo er geboren ist. Dabei ist Geburt geradezu das Gegenteil von Heimat. Ein Kind kommt »zur Welt«, das heißt, es verliert die bergende, wärmende, nährende Hülle des Mutterleibs. Es wird hinausgedrängt, um nicht zu sagen, gepreßt – in eine ihm schlechterdings fremde Umgebung. Hände, die es anfassen, Stimmen, die auf es einreden, Licht, das seine Netzhaut strapaziert: nie hat es zuvor so etwas erlebt. Vielleicht ist ein Mensch nie fremder als im Moment seiner Geburt. Er ist buchstäblich ausgesetzt, muß nun eigens ernährt, gewärmt, geborgen werden, sonst ist er verloren. Neugeborene sind heimatlos, aber sie tun alles, was in ihren bescheidenen Kräften steht, um eine Heimat zu bekommen. Und Kräfte sind ja da: der Greifreflex, der Saugreflex, das Strampeln, und vor allem, bis zum Überdruß der Eltern, das Schreien. Neugeborene schreien, greifen, saugen sich Heimat herbei. Und dabei nehmen sie zu: an Kräften, Umfang, Gewicht. Sie wachsen. Wachsen aber können sie nicht, ohne dabei der Umgebung, in der sie sich vorfinden, anzuwachsen. Und wenn man eine erste Definition wagen soll, so könnte es diese sein: Heimat ist die erste Umgebung, der Menschen nach ihrer Geburt anwachsen.

»Anwachsen« ist hier selbstverständlich nur noch Metapher. Nie – wenn man vom furchtbaren Ausnahmefall siamesischer Zwillinge oder gar Drillinge einmal absehen darf – wachsen Geborene wieder so ihrer Umgebung an, wie es Ungeborene im Mutterleib waren. Sie müssen nun auf eigene Faust atmen, schreien, trinken, verdauen. Keine Mutter kann das mehr für sie tun. Die Nabelschnur ist ein für allemal durchtrennt. Es gibt kein Zurück. Und doch ist das Herbeischreien, -greifen, -saugen einer vertrauten Umgebung ein einziges Zurückwollen: in den Zustand des Gewärmt-, Genährt- und Geborgenseins. *Den* erstrebt der Säugling, wenn er versucht, in die Mutter zurückzukriechen. Vom Mutterleib als Objekt hat er noch nicht die geringste Vorstellung. Objekte existieren für ihn noch gar nicht. Gerade das hilflose Zurückwollen aber treibt die Säuglinge voran: setzt ihre eigene Atmung, ihren eigenen Verdauungsapparat, ihre eigene Motorik in Gang und bringt erste Modulationen in ihre Stimme. Die Umgebung aber, der sie dabei metaphorisch anwachsen, ist immer schon ein Ersatz für diejenige, in die sie nicht zurück können: gewissermaßen zweite Heimat. Die erste Heimat also der Mutterleib?

Ja und nein. Zur Heimat gehört, daß sie als solche erlebt wird. Der Embryo, dieses Gebilde aus wenigen Zellen, erlebt aber noch gar nichts, und der Fötus anfangs sehr wenig. Die nervlichen Verbindungen, die ihn empfindungsfähig machen, entstehen ja erst allmählich. Sind sie aber schließlich so weit entwickelt, daß er die Wärme und Geborgenheit im Mutterleib als behaglich zu verspüren beginnt, dann nähert sich auch schon der Zeit der Wehen, die ihn in Unruhe versetzen und ihm ankündigen: Hier bleibst du nicht mehr lange. Überhaupt ist die Wahrnehmung im Mutterleib recht diffus. Der Fötus ist empfindlich für Temperatur – und hoch empfindlich für Erschütterungen. Die Bewegungen des mütterlichen Organismus, sein Stoffwechsel, seine Stimme: dies alles teilt sich dem werdenden Leben durchdringend mit. Es hielte diese Erschütterungen gar nicht aus, wäre es nicht von einer schützenden Fruchtblase umgeben. Wahrnehmen und erschüttert werden sind anfangs ungeschieden – von einer dumpfen Intensität, der es aber an spezifischer Sinnlichkeit noch mangelt. Dem Fötus sind die Augen noch nicht aufgegangen. Er ist praktisch blind, und wie weit er schon etwas riecht oder schmeckt, ist fraglich. Kurzum, es fehlen ihm entscheidende Voraussetzungen dafür, den Mutterleib als Heimat zu erleben.

Rundum erlebnisfähig ist der Organismus erst, wenn er hinausgepreßt worden ist. Erst die Geburt bringt sein Sensorium voll in Gang. Der Geburtsschock stimuliert die Sinne wie nichts zuvor, und ihre spezifische Wahrnehmungsleistung entwickelt sich beim Versuch, ihn wegzuarbeiten – rückgängig zu machen. Erst dabei, also nachträglich, wird der Mutterleib das, was er nicht war, solange das Kind sich darin befand: Heimat. Die erste Heimat ist ein Unding, ein Nicht-Ort, griechisch: *utopos*. Sie entsteht postum: wenn sie verloren und der Rückweg in sie versperrt ist. Dann aber begleitet sie das weitere Leben wie der Schatten das Licht. Noch der Erwachsene hört nicht auf, die Rückkehr ins Versperrte zu simulieren. Er legt ja abends nicht nur die Kleidung ab.« Man darf hinzufügen, daß er beim Schlafengehen eine ganz analoge Entkleidung seines Psychischen vornimmt, auf die meisten seiner psychischen Erwerbungen verzichtet und so von beiden Seiten her eine außerordentliche Annäherung an die Situation herstellt, welche der Ausgang seiner Lebensentwicklung war. Das Schlafen ist somatisch eine Reaktivierung des Aufenthalts im Mutterleibe mit der Erfüllung der Bedingungen von Ruhelage, Wärme und Reizabhaltung; ja viele Menschen nehmen im Schlafe die fötale Körperhaltung wieder ein.«[1]

Die biblische Geschichte von der Vertreibung aus dem Paradies ist zwar nicht *nur* eine Geburtsgeschichte, aber *auch*. Sobald Adam jedem Tier seinen Namen

[1] Sigmund Freud, *Metapsychologische Ergänzung zur Traumlehre*, 1917, Studienausgabe, Bd. III, Frankfurt/Main 1975, S. 179

gegeben und selbst eine »Hilfe«, will sagen eine Frau bekommen hat, das Paradies also komplett ist und das selige Leben darin losgehen könnte, hört es auch schon auf. Das Menschenpaar ißt von der verbotenen Frucht, es »gehen ihm die Augen auf«, es setzt damit die paradiesischen Wehen in Gang, die es aus dem Garten Eden hinaustreiben. Kein Wort davon, daß Adam und Eva den paradiesischen Zustand erst einmal gründlich genossen hätten. Ihre erste gemeinsame Handlung besteht darin, ihn zu verspielen. Erst nachträglich, als verspieltes, verlorenes, ist das Paradies Paradies. Das »Aufgehen« der Augen hat hier zwar den übertragenen Sinn des Erkennens; Adam und Eva werden ihrer natürlichen Beschaffenheit als Nacktheit inne, sie schämen sich ihrer, sind nicht mehr eins mit ihrer Natur, treten aus der Unbefangenheit heraus in die Reflexion. Aber auch in ganz wörtlichem Sinn gilt: Erst wenn Lebewesen geschlüpft sind, sei es aus dem Ei oder dem Mutterleib, gehen ihnen die Augen auf. Zur Welt kommen heißt sehend werden. Und Sehen verlangt eine gewisse Distanz. Neugeborene aber begehren Nähe. Kleine Katzen und Hunde etwa, die sich am Euter der Mutter festsaugen und sich in ihr warmes Fell einzunisten versuchen, haben nicht minder einen Geburtsschock zu bewältigen als der menschliche Säugling; auch sie wollen in den nunmehr versperrten Mutterleib zurück, auch sie werden durch ihr Zurückwollen vorwärts getrieben. Nur kommt das Menschenkind noch schutzloser, unfertiger, bedürftiger zur Welt als andere Säuger. Es laboriert daher am Geburtsschock besonders intensiv und hat dabei im Laufe von vielen Jahrtausenden auch etwas ganz Besonderes gelernt: sich für Entzogenes, Versperrtes, Abwesendes zu entschädigen durch Halluzinationen, Vorstellungen, Begriffe davon, oder, um es mit einem berühmten Buchtitel von Ernst Bloch zu sagen, durch den *Geist der Utopie*.

Auch für das Menschenkind ist nach der Geburt die erste Umgebung vorwiegend die mütterliche. Aber der Säugling bekommt nur noch die Außenseite des Mutterleibs zu spüren. Die ist zwar weich und warm und bietet Zipfel, an denen sich trefflich saugen läßt. Nichts hilft denn auch besser über den Geburtsschock hinweg als dieses Saugen. Es überspielt ihn. Das Kind fühlt sich wieder eins mit dem, wovon es getrennt wurde, und zieht daraus Saft und Kraft. Es trinkt die Milch der Mutter. Das ist anstrengend, lustvoll und nahrhaft, und erst wenn diese drei Faktoren zusammenkommen, kann ernstlich davon die Rede sein, daß das Kind den Mutterleib genießt. Nichts geht über anfänglichen Genuß. Das Saugen des Neugeborenen ist geradezu sein Archetypus – und der Saugtrieb zunächst durchaus kein Partialtrieb, sondern Trieb schlechthin. Aller Trieb ist anfangs Saugtrieb. Einerseits ist er kaum mehr als ein Naturreflex, andererseits etwas geradezu Mystisches. Versucht er doch nichts Geringeres, als den

Mutterleib in sich und sich in den Mutterleib hinein-
zusaugen. Erst nachdem diese primäre *unio mystica*
fehlgeschlagen und der Saugtrieb vielfältig frustriert
worden ist, *wird* er partial – in dem Maße, wie sich andere Körperzonen erogen aufladen, die Lustempfin-
dung bis in Lenden und Oberschenkel absinkt und der
ganze Körper zu versuchen beginnt, was den Lippen
allein nicht glücken wollte.[2]

Am Säugling zeigt sich, was genuine Lust ist. Sie ist
eine Haut-, genauer: eine Schleimhauterfahrung. Sie
beginnt am Kopf, nicht am Unterleib. Sie ist untrenn-
bar von der höchsten Anstrengung, zu der der kleine
Organismus fähig ist. Und mit dem Vereinigungsbe-
gehren wird auch der Hunger gestillt. Beide sind noch
ungeschieden. Nie wieder vielleicht ist dem menschli-
chen Wesen später eine so erfüllende, erschöpfende
Lusterfahrung beschieden. Dennoch ist die genuine
Lust keine ungetrübte. Zum einen ist ihr Genuß nicht
von Dauer; immer wieder weicht er neuer Bedürftig-
keit. Zum andern ist sein Glück trügerisch. Es besteht
darin, sich eins zu fühlen mit etwas, womit eine physische Einheit nicht mehr besteht. Der Milch spenden-
de Leib mag noch so nahe sein; aber er ist außen. Sei-

[2] Freud hat genau umgekehrt gedacht: von den Sexualorganen
her, die für ihn von vornherein das erotische Zentrum ausmachten. Er verkannte, daß der Eros sich erst zu ihnen vorarbeiten
muß. Daher konnte er in der Orallust kaum etwas anderes als ein
Seitenstück der Genitallust sehen. Vgl. Sigmund Freud, *Drei Abhandlungen zur Sexualtheorie*, 1905, l. c., Bd. V, S. 76 ff.

ne warme, weiche Haut ist auch die Wand, die verunmöglicht, daß der Säugling in den Uterus dahinter zurückkehrt. Kurzum, der Mutterleib ist nicht mehr das, was er war: dauerhaft schützende und nährende Hülle. Selbst die fürsorglichste Mutter kann ihr Kind nicht ununterbrochen an der Brust haben.

Damit wird die Mutterbrust zu einem geradezu tragischen Organ. Sie ist es, die dem diffusen Begehren des Säuglings einen ersten Halt gibt und ihm genuine Lust verschafft. Aber was er bei der Geburt verlor, vermag sie ihm nicht wiederzugeben. Sie gibt ihm alles, was sie hat, und gerade dabei narrt sie ihn. Wenn sie ihn nährt, nährt sie nämlich auch sein trügerisches Gefühl, eins mit ihr zu sein. Sobald sie sich ihm aber nur ein klein wenig entzieht, untergräbt sie dieses Gefühl. So kommt es, daß sie »vom Kind so erlebt wird, als sei sie in eine gute (befriedigende) und eine böse (versagende) Brust gespalten«.[3]

Während sich das Kind an sie zu gewöhnen beginnt, beginnt sie auch schon mit seiner Entwöhnung. Gerade am Ort seines ersten Genusses bekommt es abermals eine Trennung zu spüren – nicht so schockhaft wie bei der Geburt, aber ebenfalls schmerzlich. Der Prozeß der Enttäuschung hebt an, und zwar in seinem ganzen Doppelsinn: Der Säugling beginnt seinen

[3] Melanie Klein, *Bemerkungen über einige schizoide Mechanismen*, 1946, Gesammelte Schriften, Bd. III, Stuttgart-Bad Cannstadt 2000, S. 8

primären Genuß zu verlieren, aber auch die Täuschung, mit dem Genußspender eins zu sein. Der Genußzipfel, das Bindeglied zum Inneren der Mutter, der äußerste Zipfel der entschwundenen, unzugänglich gewordenen Vorwelt, macht sich als etwas bemerkbar, was dem Säugling weder gehört noch gehorcht, und davon, wie er mit dem Entzug dieses Zipfels fertig wird, hängt sein späterer Umgang mit Trennungen und Abschieden in nicht geringem Maße ab.

Dem Säugling ist zunächst völlig egal, wem dieser Zipfel gehört. Er hat keinen Begriff davon, wer seine Mutter ist. Legt man ihn nach Durchtrennung der Nabelschnur sogleich einer Amme an die Brust, so hat er kaum eine Chance, in ihr eine andere Person als seine Mutter wahrzunehmen. Er nimmt nämlich überhaupt noch keine Personen wahr, ja nicht einmal Objekte. Seine Objektwahrnehmung fängt selbst erst tastend an, und zwar in dem Maße, wie seine Umgebung sich zu ihm als *obiectum* verhält: als Widerstand, der seinem Begehren Grenzen setzt. Solcher Widerstand kann die Form der Präsenz haben, etwa wenn der stillende Leib nicht zuläßt, daß er in ihn hineinkriecht; aber auch der Absenz, nämlich wenn dieser Leib sich der Zumutung entzieht, eins mit dem Säugling zu sein.

Widerstand erfahren heißt zurückgestoßen, unterschieden, getrennt werden: von einem Anderen. Und erst diese Erfahrung des Anderen, des Außen, des Fremden lehrt das Eigene kennen. Das Eigene ist das

Andere des Anderen. Ein Säugling ist zwar ein in Umfang wie Kräften sehr begrenzter Organismus, aber er weiß noch nichts von seinen Grenzen, zumal sie ständig expandieren, wächst er doch unablässig. Er muß sich als etwas Eigenes, als ein unaustauschbares Selbst erst erfahren, und das geschieht zunächst vorzugsweise an den Rändern seines Körpers. An der Außenhaut bekommt er Widerstand und Trennung zu spüren, hier beginnt – zunächst ganz diffus und sporadisch – jene Grenzziehung, lateinisch: *definitio*, zwischen Eigenem und Fremdem, dem Selbst und seinen Objekten, die im Laufe eines Lebens nie zum endgültigen Abschluß kommt: der Prozeß der Identitätsbildung. Es ist also nicht so, daß zuerst ein homogenes, mit sich zufriedenes Selbst oder gar Ich da wäre, das dann allmählich seine Grenzen erführe, durch Frustration beschädigt, fragmentiert, gespalten würde. Der Säuglingsorganismus ist vielmehr der Ort eines Begehrens oder Wünschens, das noch keine Grenzen kennt, unfähig ist, zwischen innen und außen, eigen und fremd, fiktiv und real, Wollen und Tun zu unterscheiden, und ohne Gespür für seine tatsächliche Reichweite. Das Begehren weiß noch nichts von Moral und Unmoral; es ist ebenso rücksichts- wie selbstlos. Erst durch die fortgesetzte Erfahrung von Widerstand und Trennung lernt das Kind, daß es ein Außen gibt, das Rücksicht verlangt, Grenzen setzt, und in dem Maße, wie diese Grenzen sich konturieren, lernt es das Andere als strukturierte Objektwelt kennen und formiert sich an deren Widerstand zum Selbst – mit allen Beigaben des Egoismus.

Das Selbst ist also ein Reflexionsprodukt, und zwar im ursprünglichen Wortsinn. *Reflectere* heißt zurückbiegen, und der Widerstand, den der Säugling erfährt, biegt sein Begehren förmlich auf seinen eigenen Organismus zurück. Er wird zum Säugling seiner selbst. »Ein Teil der Lippe selbst, die Zunge, eine beliebige andere erreichbare Hautstelle – selbst die große Zehe – werden zum Objekt genommen, an dem das Saugen ausgeführt wird.«[4] Das Fachwort dafür: Autoerotismus. Das Kind beginnt, den eigenen Körper lustvoll zu erkunden. Es wird gewahr, daß es aus ihm etwas von dem Genuß ziehen kann, den der sich entziehende Genußzipfel zunehmend versagt. So lernt es, sich auf sich selbst zu beziehen, sich als etwas Eigenes, von der Mutter Abgetrenntes wahrzunehmen, anzunehmen, zu bejahen. Es merkt: Ich bin nicht nichts ohne die Mutter, sondern selbst etwas. Und dieses Gefühl ist die erste Plattform der Selbstsicherheit – unabdingbar, um sich der Objektwelt zu öffnen und erfahrungsfähig für sie zu werden. So wichtig aber für die weitere Kindesentwicklung diese Rückwendung auch ist: Sie geschieht nicht freiwillig. Erst das von der Mutterbrust koordinierte und zurückgewiesene Begehren

---

[4] Sigmund Freud, *Drei Abhandlungen zur Sexualtheorie*, l. c., S. 87

krümmt sich und biegt sich auf den eigenen Organismus zurück. Reflexion ist Verbiegung, Verkehrung des Begehrens: eine erste Form, mit Versagung fertig zu werden.[5] Der eigene Körper verschafft bloß einen Ersatz für den Genuß, den der stillende Zipfel einst bot. Der Zipfel entzieht sich, er tritt zurück, wird zum bloßen Teil der Mutter, die nun mehr und mehr als Person wahrgenommen wird, und die Mutter tritt ihrerseits zurück und wird zum Bestandteil einer weiteren Umgebung, des Raums der Familie, des Spielzeugs, der Haustiere. In dem Maße, wie das Kind diese Umgebung als mütterlich imprägniert, als muttergemäß er-

---

[5] Freuds Behauptung, die »autoerotischen Triebe« seien »uranfänglich« (*Zur Einführung des Narzißmus*, 1914, l. c., Bd. III, S. 44), die Triebe richteten sich »zuerst noch auf kein äußeres Objekt« und fänden »ihre Befriedigung am eigenen Körper« (*Totem und Tabu*, 1912-13, l. c., Bd. IX, S. 377), ist durch keine Beobachtung gedeckt. Als ob am Anfang die Selbstgenügsamkeit stünde und nicht die Entbehrung; als ob der Säugling zunächst friedlich-lustvoll in sich ruhe, ehe er sich für die Außenwelt zu interessieren begänne. Andrerseits sieht Freud deutlich, daß das Lutschen am eigenen Körper bereits Ersatz für das Saugen an der Mutterbrust ist (*Drei Abhandlungen zur Sexualtheorie*, l. c., S. 88). – Melanie Klein hat Freuds Konzept des Autoerotismus die Ansicht entgegengesetzt, »daß Objektbeziehungen von Beginn des Lebens an vorhanden sind und das erste Objekt die Mutterbrust ist« (op. cit., S. 8), dabei allerdings unterstellt, das Kind nehme von Anfang an distinkte Objekte wahr und sei »zu Beginn des postnatalen Lebens« bereits »ein Ich«, auch wenn es ihm noch »an Kohärenz weitgehend mangelt« (ibidem, S. 11). Da war Freud skeptischer, mit ausgeprägterem Sensorium dafür, daß Selbst, Ich und Objekt keine vorgegebenen Größen sind, sondern sich erst allmählich formieren.

lebt, mit ihr vertraut wird, sich in sie einübt und ein-
lebt, wird sie ihm zur Heimat.[6]

Sie ist seine zweite Heimat, aber seine erste konkrete. *Concrescere* heißt zusammenwachsen, und
wenn ein vom mütterlichen Organismus abgetrenntes

---

[6] Auch der Vater erscheint zunächst bloß als etwas mehr oder weniger Muttergemäßes, ehe er eigene Konturen gewinnt, als qualitativ verschieden von der Mutter wahrgenommen wird und sie –
unter bestimmten sozialen Umständen – in den Schatten stellt.
Die viel behandelte Ambivalenz gegenüber dem Vater ist am
zwiespältigen Verhältnis zur Mutterbrust längst vorgeübt worden.
Daß der Entzug des primären Genußzipfels eigentlich schon eine
Kastrationserfahrung sei, die dem Kind »sein« Glied raube, also
etwas, was es als Phallus erlebe (Jacques Lacan, *Die Bedeutung
des Phallus*, Schriften, Bd. II, Weinheim, Berlin 1986, S. 119 ff.):
auf diese Idee kann nur kommen, wer vorab darauf fixiert ist, daß
alle Zipfel Phalli sind, ihr Entzug also grundsätzlich nicht anders
wahrgenommen werden kann denn als Entmannung – gleichgültig, welchen Geschlechts der wahrnehmende Organismus sei.
Doch Kleinkinder werden erst fähig, sich für jene Zipfel zu interessieren, die bestimmte Lebewesen zwischen den Beinen tragen,
unter Umständen auch sie selbst, nachdem sie mit einem anderen Zipfel bereits eine existenzielle Entzugserfahrung gemacht
haben. Es gibt hier eindeutig etwas Vor- und etwas Nachgeord-
netes. Wenn es also stimmt, daß Brustwarze und Phallus in einem
Repräsentationsverhältnis zueinander stehen – und daß beide
erotisch aufgeladene Zipfel sind, spricht dafür –, dann kann ihre
Ab- und Rangfolge nicht zweifelhaft sein. Daß die männlichen
Zipfel nach dem Modell des ersten weiblichen erlebt werden, ist
weit plausibler als das Umgekehrte. Den Entzug der Mutterbrust
als Kastrationserfahrung ausgeben, ein phallisches, väterliches
»Gesetz« (ibidem, S. 130) in die Zweisamkeit von Mutter und
Kind hineinlesen, als wäre sie bereits ein ödipales Dreiecksver-
hältnis: das ist patriarchale Weltwahrnehmung. Hätte sie Recht,
so könnte Heimat nichts anderes sein als Vaterland. Sie wäre um
ihre spezifisch mütterliche Nuance gebracht.

Wesen seiner Umgebung an- und einwächst, dann erlebt es Heimat. Heimat wird in der Kindheit konkret. Wenn Adorno für seine Rückkehr aus der amerikanischen Emigration ins Nachkriegsdeutschland gar nicht erst nach wasserdichten politischen Argumenten suchte, sondern schlicht bekannte: »Ich wollte einfach dorthin zurück, wo ich meine Kindheit hatte, am Ende aus dem Gefühl, daß, was man im Leben realisiert, wenig anderes ist als der Versuch, die Kindheit verwandelnd einzuholen«,[7] so ist ihm Kindheit ein Deckname für Heimat geworden – für ein Wort, das ihm die Nazis zum Unwort gemacht hatten. Nun sagt Adorno nicht »die Kindheit wiedergewinnen«, sondern »einholen«, und zwar »verwandelnd«. Das ist paradox, liegt doch die Kindheit unwiederbringlich weit zurück, während das, was man einholen möchte, gewöhnlich voraus liegt. Aber so paradox *ist* Kindheit, wenn damit nicht nur die Zeit gemeint ist, als man noch klein war und in die Hosen machte, sondern die Zeit eines Erlebens, das so tief ging, daß es aller weiterer Erfahrung den Weg gebahnt hat und ihr insofern uneinholbar voraus liegt, zumal Kindheit in diesem emphatischen Sinn nicht vergegenwärtigt werden kann, ohne bedeutender zu werden als sie je war. Sie deutet über sich hinaus. Amorbach, der Ort im Odenwald, wo die Wiesengrunds den Sommerurlaub zu ver-

---

[7] Theodor W. Adorno, *Auf die Frage: Warum sind Sie zurückgekehrt*, Ges. Schriften, Bd. 20. 1, Frankfurt/Main 1986, S. 395

bringen pflegten, wurde dem kleinen Teddie zum »Urbild aller Städtchen«, der »Wolkmann, ein Berg, der Bild seines Namens ist«, »breit gestreckt über dem Städtchen, das er von den Wolken grüßt«, zum Inbegriff aller Berge, und der verstimmten Gitarre an der Wand im Gasthaus Zur Post fuhr das Kind so über die Saiten, daß es, »berauscht von der dunklen Dissonanz, wohl der ersten so vieltönigen, an die ich geriet, Jahre ehe ich eine Note von Schönberg kannte«, den Wunsch verspürte: »so müßte man komponieren, wie diese Gitarre klingt«.[8]

Adorno hat eine beneidenswert privilegierte Kindheit gehabt. Der florierende Weinhandel des Vaters ermöglichte der Familie ein liberales, kultiviertes bürgerliches Leben auf großem Fuß; Mutter und Tante, beide hochmusikalisch, förderten das überreich begabte Einzelkind hingebungsvoll. Adorno selbst hat seine Kindheit als Glücksfall erachtet. Doch vom Glück des Kindes vermag erst der Erwachsene zu sprechen. Das Kind kann zwar überschwenglich jubeln und traurig sein, aber noch nicht ermessen, ob es eine glückliche Kindheit hat. Was im nachhinein als sein Glück erscheint, ist in dem Moment, wo es erlebt wurde, oft kaum mehr als dumpfe Vertrautheit: eine Landschaft, eine Architektur, ein Klima, ein Tagesablauf, ein Familienzusammenhang, Gebrauchsgegenstände, Ritua-

---

[8] Theodor W. Adorno, *Amorbach*, Ges. Schriften, Bd. 10. 1, l. c., 1977, S. 305, 302, 306

le, Gewohnheiten, Sprechweisen, Tonfälle, die so, wie sie sind, auf es wirken, als könnten sie gar nicht anders sein. Heimat ist die kindliche Umgebung, die so erlebt wird, als verstünde sie sich von selbst.

Was sich von selbst versteht, ist deshalb allerdings noch lange nicht gut oder wünschenswert. Es ist zunächst lediglich alternativlos. Wer nichts anderes kennt als kalte Räume, karge Möbel, einen bestimmenden Vater, eine unterwürfige Mutter, zehn Geschwister, anstrengende Feldarbeit, ungesunde Nahrung, regelmäßige Gebete und Bücklinge vor Respektspersonen, der erlebt sogar solche Dinge als selbstverständlich. Sie sind es dann, die das Kind prägen, seine diffusen, schweifenden Triebe und Wünsche in eine Form pressen, in der sie beständig und sozial verträglich werden. Prägung hat stets etwas Gewaltsames; sie drückt dem Kind bestimmte Verhaltens- und Erfahrungsformen ein, und das geht auch im glücklichsten Fall nicht ohne Versagungen und Verletzungen ab. Auch für ein Glückskind wie Adorno gilt, daß sich das Selbst erst an Widerständen bildet und nicht geformt werden kann, ohne beschädigt zu werden. Auch unter günstigsten Umständen ist die konkrete Heimat keine heile Welt. Das verrät ja schon das Wort konkret. Was zusammenwachsen muß, war auseinander. Und Heimat wird erst, wo zuvor Schock, Trennung, Beschädigung waren. Heimat kann sie nie ganz rückgängig machen, wohl aber bis an den Rand der Unkenntlichkeit mindern und lindern.

Dazu hilft der Doppelcharakter der Prägung. Sie überkommt das Kind zwar von außen, aber zugleich nimmt es sie auch aktiv in sich auf: als *seine* Prägung. Prägende Erlebnisse sind überwältigende Erlebnisse. Sie gehen besonders nahe, und wenn sie nicht so tief verletzend eindringen, daß das Kind sie verleugnen und abspalten muß; wenn es ihm vielmehr gelingt, sie seinem Erregungshaushalt einzufügen, dann sind gerade sie es, die sein Eigenstes werden: der Stoff aller Vertrautheit. Nicht weil etwas schön ist, wird es uns vertraut, sondern was uns vertraut ist, finden wir schön, auf wie zufällige, fragwürdige Weise diese Vertrautheit auch zustande gekommen sein mag. Wo Vertrautheit ist, war Prägung. Prägende Erlebnisse aber bahnen allen weiteren den Weg; ihr Inhalt wird zur Form, worin alle weiteren Erfahrungen gemacht werden. Diese Form läßt sich zwar modifizieren, aber nie mehr ganz loswerden. So ist sie auch der Behälter aller künftigen Glückserfahrung, und die Selbstverständlichkeit, die sie für das Kind hat, ist selbst schon etwas Beglückendes.

Allerdings erst nachträglich – wenn das Kind seiner unmittelbaren Umgebung entwachsen ist. Wie der Fötus von einem bestimmten Zeitpunkt an den Mutterleib als beengend empfindet, so der Halbwüchsige die familiäre Umwelt. Er merkt, daß sie keineswegs so alternativlos ist, wie sie sich ihm darstellte, und sich durchaus nicht von selbst versteht. Ihre Vertrautheit schnürt ihn ein, sie wird ihm fremd, er will hinaus. Erst draußen aber, wenn er sie verlassen oder verloren hat, lernt er seine Heimat als Heimat kennen; solange er drin war, war sie bloß selbstverständlich.

Es ist mit dieser Selbstverständlichkeit allerdings ähnlich wie mit der Luft zum Atmen. Solange sie vorhanden ist, bemerkt man sie kaum; geht sie aber aus, so wird sie unversehens zum kostbarsten Gut. Auch was man an Selbstverständlichkeiten hat, an vertrauten Räumen und Dingen, Verhaltensweisen und Gesichtern, bemerkt man erst, wenn sie einem fehlen, wenn man sich ständig erklären und seine Umgebung unablässig befragen und prüfen muß. Eine Prise davon kann schon eine mittlere Urlaubsreise bescheren. Ganz ernst wird es aber bei Vertreibungen, die aus einer angestammten Umgebung herausreißen und mit Flucht, Auffanglagern und Asylanträgen Bekanntschaft machen lassen. Hier geschieht drastisch und schockhaft, was sich beim bloßen Entwachsen aus der Kindheit nur undeutlich und andeutungsweise vollzieht. Leute, die von den Eltern den Hof, die Werkstatt oder die Firma übernehmen und ihr Lebtag im selben Ort oder gar Haus wohnen, merken keinen nennenswerten Bruch, wiewohl auch bei ihnen die Pubertät eine Zäsur ist, mit der die kindliche Umgebung an Selbstverständlichkeit verliert, und die Übernahme des elterlichen Erbes nie ganz reibungslos abläuft. Doch die Reibungsverluste sind gering. Die konkrete Heimat ist nie ernstlich verlassen, das Leben im Bann ihrer Beschränktheit zugebracht worden. Wo aber nie etwas anderes als Heimat erlebt wird, ist kaum zu erfahren, was Heimat ist. Hanns Eislers Bonmot »Wer *nur* etwas von Musik versteht, versteht auch davon nichts« ist auf Heimat bestens übertragbar.

Schätzen lernt man Heimat erst, wenn man sie verloren hat. Wie weit dieser Verlust gehen kann, findet sich atemberaubend dargestellt bei einem, der das ganze Grauen von Vertreibung und Konzentrationslager durchgemacht hat und auf das Wort Heimat dennoch nicht verzichten wollte: Jean Améry. »Die Heimat ist das Kindheits- und Jugendland. Wer sie verloren hat, bleibt ein Verlorener«. »Alle Implikationen dieser Einbuße wurden mir erst richtig erkennbar, als 1940 die Heimat in Gestalt der deutschen Eroberertruppen uns nachrückte. Ein besonders unheimliches Erlebnis fällt mir ein, das ich 1943 hatte, kurz vor meiner Verhaftung. Unsere Widerstandsgruppe hatte damals einen Stützpunkt in der Wohnung eines Mädchens; [...] es wohnten in ihrem Haus auch ›deutsche Soldaten‹, was uns aber im Hinblick auf die Sicherheit des Quartiers eher günstig erschienen war. Eines Tages nun ereignete es sich, daß der unter unserem Versteck wohnende Deutsche sich durch unsere Reden und unsere Hantierungen in seiner Nachmittagsruhe gestört fühlte. Er stieg hoch, pochte hart an die Tür, trat polternd über die Schwelle: ein SS-Mann mit den schwarzen Aufschlägen und den eingewebten Zeichen ausgerechnet des Sicherheitsdienstes! Wir waren alle bleich vor tödlichem Schreck, denn im Nebenzimmer standen die Utensilien unserer, ach, den Bestand des Reiches so wenig gefährdenden Propagandaarbeit. Der Mann aber [...] verlangte nur brüllend Ruhe für sich und seinen vom Nachtdienst ermüdeten Kameraden. Er stellte seine Forderung – und dies war für mich das eigentlich Erschreckende an der Szene – im Dialekt meiner engeren Heimat. Ich hatte lange diesen Tonfall nicht mehr vernommen, und darum regte sich in mir der aberwitzige Wunsch, ihm in seiner eigenen Mundart zu antworten. Ich befand mich in einem paradoxen, beinahe perversen Gefühlszustand von schlotternder Angst und gleichzeitig aufwallender familiärer Herzlichkeit, denn der Kerl [...] erschien mir plötzlich als ein potentieller Kamerad. Genügte es nicht, ihn in seiner, meiner Sprache anzureden, um dann beim Wein ein Heimat- und Versöhnungsfest zu feiern?

Glücklicherweise waren Angst und Vernunftkontrolle stark genug, mich von dem absurden Vorhaben abzuhalten.«[9] Aber der überfallartige Wunsch danach zeigt: Man kann Heimat schwerlich schätzen lernen, ohne sie zunächst zu überschätzen. Dem, der sie ver-

[9] Jean Améry, *Jenseits von Schuld und Sühne*, Stuttgart [4]2000, S. 84 ff.

loren hat, erscheint sie unversehens, womöglich sogar wider Willen, als wäre sie ungetrübtes Einssein mit den gesamten Lebensumständen, als wäre ihre Vertrautheit Versöhnung gewesen. »Was für unerwünschte Anklänge weht es [sc. das Wort Heimat] doch herbei! Märchenerzählungen einer alten Kinderfrau, das Gesicht der Mutter überm Bett, Fliederduft aus dem Nachbarsgarten. Und warum nicht gar auch Spinnstuben und Rundgesang an der Dorflinde, die unsereins ohnehin nur aus der Literatur kennt? Man möchte die peinlich-lieblichen Töne, die sich mit dem Wort Heimat assoziieren und die recht ungute Vorstellungsreihen heranführen von Heimatkunst, Heimatdichtung, Heimat-Alberei jeder Art, gerne verscheuchen. Aber sie sind hartnäckig, bleiben uns an den Fersen, stellen ihren Wirkungsanspruch.«[10] Und zur Wirkungsweise von Heimat gehört, daß sie sich im Moment ihres Verlusts nahezu unwiderstehlich zur heilen Welt verklärt.

Im Vergleich zu der Unsicherheit, die heimatloses Umherschweifen mit sich bringt, mag Heimat tatsächlich »heil« sein, aber sie ist es nicht an sich. Entscheidend für einen vernünftigen Umgang mit Heimat ist, daß ihre Überschätzung sich zur Schätzung mäßigt. Dazu ist eine weitere Enttäuschung unumgänglich: die Besinnung auf all die kleinen Entbehrungen, Verletzungen, Disziplinierungen, die die Herstellung eines vertrauten Zustands gekostet hat und dann von ihm

[10] Op. cit., S. 84

überstrahlt werden. Heimatliche Vertrautheit kann allenfalls scheinen, als sei sie Versöhnung, und erst wenn das eingestanden ist, kann das Versöhnliche an Vertrautheit zu seinem Recht kommen. Vertrautheit *ist* nicht Versöhnung, aber ein Vorbote davon. Einen versöhnten Zustand kann man sich nicht anders vorstellen, als daß er tiefste, ungetrübte Vertrautheit mit allen Lebensumständen einschlösse. Vertrautheit aber schließt nicht notwendig Versöhnung ein. Anders gesagt: Die konkrete Heimat des Kindes ist keine heile Welt, aber nichts repräsentiert heile Welt so sehr wie sie. Im Rückblick steht die erste erlebte Heimat für jene allererste, die nie erlebt wurde: für den *utopos* der Heimat. Deshalb ist die erste erlebte Heimat eigentlich schon die zweite: ein Ersatz, ein Verweis, ein Stellvertreter.[11] Die zweite Heimat für die erste nehmen, den Ersatz für die Sache selbst: von dieser elementaren Verwechslung rührt alle Beschränktheit, alle Sentimentalität, aller Kitsch, alle Barbarei her, die sich je mit dem Wort Heimat verbunden hat.

[11] Mit der Redewendung von der »zweiten Heimat«, die jemand in späteren Jahren fern von den Stätten der Kindheit gefunden habe, ist die zweite *erlebte* Heimat gemeint, also eigentlich schon die dritte. Solche Zählweise war Améry allerdings fremd, weil ihm Heimat als *utopos* fremd war. Er nahm sie ausschließlich als *topos* wahr – und im Singular. »Es gibt keine ›neue Heimat‹. Die Heimat ist das Kindheits- und Jugendland.« (ibidem)

2. Nation

Wörtlich heißt *natio* »Geburt«; »Herkunft« ist genau genommen schon ein übertragener Sinn: der »Stand«, dem jemand durch Geburt angehört – in der Regel ein vornehmer Stand. Im alten Rom waren es gewöhnlich Adlige oder Patrizier, deren *natio* erwähnt wurde. Allerdings nur sporadisch. Das Wort hatte noch keinen institutionellen oder gar rechtlichen Status. Den bekam es erst im Mittelalter, nicht ohne einen weiteren bemerkenswerten Bedeutungswandel durchzumachen. Als in Bologna und Paris Universitäten gegründet wurden, kamen aus allen Himmelsrichtungen Leute herbei, die dort lernen oder lehren wollten – aus ganz unterschiedlichen Ständen und Vermögensverhältnissen, mit unterschiedlicher Bildung, Sprache und Lebensweise. Um das Konfliktpotential, das sich damit zusammenbraute, gering zu halten, wurde beschlossen, die Zugereisten in Wohngemeinschaften zusammenzufassen, und zwar nach der jeweiligen Gegend, aus der sie kamen. Für diese Gemeinschaften bürgerte sich der Name *nationes* ein; »landsmannschaftliche Gruppen« könnte man übersetzen. Es waren »meistens je vier ungefähr nach den Himmelsrichtungen abgegrenzt. In Paris z. B. gehörten die Deutschen und ihre östlichen und nördlichen Nachbarn mit den Engländern und den Schotten zur *natio Anglicorum*, neben der es je eine *natio Normannorum* (aus der Normandie), *Picardorum* (aus der Picardie) und *Gallicorum* (also keineswegs aus ganz Frankreich) gab. In eine dieser vier ›Nationen‹ mußte sich jeder Student (und jeder Magister der Artisten-Fakultät) einreihen, auch wenn er aus anderen Ländern stammte, etwa aus Italien oder Spanien.« »Nur in Bologna und seinen italienischen Abzweigungen war diese Nationengliederung von früh an vielfältiger differenziert und in Citra- und Ultramontane, also Italiener und Ausländer gruppiert. Welche Völker, Völkergruppen oder -teile jeweils eine eigene Nation bildeten oder ihr den Namen gaben, hing immer von örtlichen Verhältnissen ab«. »Es kam zwar oft zu Spannungen, Reibungen und Konflikten zwischen den Universitätsnationen, und manchmal werden dabei schon ›nationale‹ Geltungsansprüche und Rivalitäten im späteren Sinne spürbar. Aber für die Zugehörigkeit zur Universität und die Stellung in ihr war es grundsätzlich gleichgültig, aus welchem Land oder Volk ein Student oder Magister kam«. »Selbst für die Wahl zum Rektor oder zu anderen Ämtern spielte die nationale Herkunft keine Rolle«. »Ein Italiener wie Marsilius von Padua konnte zum Rektor der Pariser Universität gewählt werden; in Bologna *mußte* sogar (spätestens seit 1265) alle fünf Jahre ein Mitglied der ›deutschen Nation‹ Rektor werden.«[12]

Natio ist hier zu einem institutionellen Begriff geworden. Er bezeichnet nicht mehr die soziale, sondern die geographische Herkunft; statt Herkunftsstand Herkunftsland. *Pays natal* ist dafür im Altfranzösischen bald ein stehender Ausdruck; er ist dem deutschen Wort Heimat nicht fern. Allerdings entstehen die *nationes* fern der Heimat. Sie sind Auffangstationen für Leute, die ihre angestammte Umgebung – ein Stück Land, eine Werkstatt, einen Herrensitz, ein Kloster oder was es auch sei – gerade verlassen haben. Sie sind, wie das erste kaiserliche Privileg zu ihrem rechtlichen Schutz von 1158 formuliert, *amore scientie facti exules*, »durch Liebe zur Wissenschaft heimatlos geworden« (*exul* ist der Verwiesene, Verbannte, Ausgewanderte; davon kommt Exil), »sie trennen sich vom Reichtum und werden arm, sie setzen ihr Leben allen Gefahren aus und müssen oft von verächtlichen Menschen, was schwer zu ertragen ist, grundlos körperliche Mißhandlung erdulden«.[13]

Auch wenn der Klageton dieser Worte ein wenig nach interessierter Übertreibung klingt – die universitären *nationes* (erst hier wird der Plural des Wortes einschlägig) sind Exilprodukte: Ersatzbildungen für

---

[12] Herbert Grundmann, *Vom Ursprung der Universität im Mittelalter*, Darmstadt [2]1976, S. 18 f.

[13] Op. cit., S. 60

die verlassene heimatliche Umgebung. Sie bestehen ferner nur aus Männern, lassen deren Standesunterschiede nahezu bedeutungslos werden, sind temporär und erstaunlich mobil.«Mehr als einmal hat eine Universität als Ganzes, als ›Universitas von Dozenten und Studenten‹ gegenüber staatlichem oder kirchlichem Druck und Zwang damit gedroht – und nicht immer nur gedroht, – daß sie sich auflösen, die *Vorlesungen einstellen* und *anderswo hinziehen* könne.«[14] Die universitäre *natio* wurde weder durch die Gemeinsamkeit des Bodens, des Blutes noch des völkischen Schicksals zusammengehalten. Dies alles ist der Nation erst allmählich als unveräußerliches Merkmal angedichtet worden – in dem Maße, wie sie sich zum Nationalstaat auswuchs.

Davon war die Universität zunächst weit entfernt. Andrerseits ist sie daran nicht ganz unbeteiligt. Ihren Beginn datiert man gewöhnlich auf das Jahr 1088, als ein *magister artium* namens Irnerius anfing, »in Bologna Vorlesungen über das römische Rechtsbuch Justinians zu halten. ›Er wagte als erster sein Herz an dieses Rechtsbuch zu wenden‹«, sagt Odofredus, der erste Historiograph dieser Ereignisse, und zwar »›aus eigener Autorität‹ und ›von sich aus‹, ohne Auftrag und Amt«, »nachdem diese Sammlung römischer Rechtsüberlieferung und Jurisprudenz seit einem halben Jahrtausend kaum noch beachtet geschweige

[14] Op. cit., S. 33

denn wissenschaftlich studiert und auch nirgends mehr als geltendes Recht praktiziert worden war.«[15] Die Plötzlichkeit, mit der sie nun wieder interessant wurde, – in wenigen Jahren trieb sie in ganz Europa Magister und Studenten auf Wanderschaft – verblüfft noch heute, zumal in der feudalen Umgebung von Burgen, Klöstern, Zünften und Allmenden zunächst jegliche direkte Anwendungsmöglichkeit dafür fehlte. Offenbar kam sie einem Bedürfnis nach festerer Verankerung eigener Überzeugungen entgegen, das die überkommenen Darstellungs- und Mitteilungsformen der christlichen Lehre nicht mehr zu befriedigen vermochten. Das römische Recht wurde von der gelehrten Welt als die feste Form erahnt, die in der Lage sein werde, dem gesamten Denken und Handeln ebenso gründliche wie umfassende Regeln zu geben.

Langfristig hat diese Ahnung nicht getrogen. Die Verrechtlichung aller Lebensvollzüge gehört zu den Charakteristika der Moderne. Der Zerfall des mittelalterlichen Lehenswesens und der Wiederaufstieg des römischen Rechts sind zwei Seiten desselben Prozesses. Renaissance hat auch einen rechtlichen Aspekt, nicht nur einen kulturellen. Der neuzeitliche Territorialstaat, den seit dem 16. Jahrhundert sich von der Lehenspflicht entbindende Fürsten um ihre Schlösser und Städte zu errichten begannen, mit genau definierten Landesgrenzen, einem stehenden Söldnerheer, all-

[15] Op. cit., S. 41

gemeiner Steuererhebung und günstigenfalls einem bürgerlichen Schulwesen: er wäre ohne einen ebenso geschulten wie willfährigen Juristenstand nicht möglich gewesen.

Bis aus Territorialstaaten Nationalstaaten wurden, mußte freilich noch einiges geschehen. Zunächst mußte die *natio* aus dem universitären Exil gleichsam nach Hause gebracht werden, so daß auch die heimatliche Scholle, deren Lebensform mit der universitären herzlich wenig zu tun hatte, von denjenigen, die sie nie verlassen hatten, als *natio* erachtet werden konnte. Damit allerdings war »Nation« noch längst kein Staatsgebilde; im Gegenteil. Noch für »den Enzyklopädisten Johann Heinrich Zedler bedeutet 1740 die Nation in ihren ›eigentlichen und ersten‹ Sinn ›eine vereinigte Anzahl Bürger, die einerley Gewohnheiten, Sitten und Gesetze haben […] Daraus folget, daß ein gewisser, großer oder kleiner Bezirk […] eigentlich nicht den Unterschied der Nationen ausmache, sondern daß dieser Unterschied einzig und allein auf der Verschiedenheit der Lebens-Art und Gebräuche beruhe, folglich in einer oftmahls kleinen Provintz Leute von unterschiedlichen Nationen bey einander wohnen können. Schwerlich wird sich z. E. jemand zu behaupten unterstehen, daß die Wenden, ob sie gleich annoch, und zwar fast mitten in Deutschland, in einem schmalen Strich Landes wohnen, auch auf allen Seiten Deutsche Nachbarn haben, zur Deutschen Nation gehören, welches aber nothwendig folgen würde, wenn der Unterschied der Nationen nach den Provintzen sollte beurtheilt werden«.[16]

Nation rangiert hier noch unterhalb von Provinz und Bezirk, irgendwo in der Nähe vom »Strich Landes« – lauter Begriffe, die noch nicht verwaltungstechnisch geschärft sind und keine klare Kontur gegeneinander haben. Zedlers Behauptung, »verschiedene Nationen, die in einem Bezircke wohnen, heißen eigentlich ein Volck«,[17] ist zwar ein ehrenwerter Versuch, begriffliche Ordnung zu schaffen; doch der zeitgenössische Sprachgebrauch war nicht so ordentlich, und zwar unvermeidlicherweise. Die Umgebung, die Region, aus der man stammt, der man »angewachsen«, mit deren Sitten und Gebräuchen man vertraut ist: wo genau hört sie auf? Das wird sich nie akkurat wissenschaftlich angeben lassen. Sie ist weder ein genau umgrenztes Territorium noch ein festes Arsenal standardisierter Verhaltensweisen, sondern ein Erfahrungsraum mit plastischem Zentrum und unscharfen Rändern – ganz wie ein Sehfeld. Augen können ja bekanntlich nicht anders als bestimmte Dinge scharf zu fokussieren und andere bloß verschwommen mitzusehen. Wie sich dem Sehbild le-

---

[16] Johann Heinrich Zedler, zitiert nach Eric J. Hobsbawm, *Nationen und Nationalismus. Mythos und Realität seit 1780*, München 1998, S. 28

[17] Op. cit., S. 29

bendiger Augen nie die gleichmäßige Schärfe eines Kamerabildes antrainieren lassen wird, so der vertrauten heimatlichen Umgebung, dem *pays natal*, nicht die Kontur eines wissenschaftlich exakten Gegenstands.

Nation ist von Haus aus ein vager Begriff und von Volk, Land, Provinz nicht klar geschieden – was völlig unbedenklich ist, solange damit nicht große Politik gemacht wird, wie es auf paradigmatische Weise in der französischen Revolution geschah. In der Entmachtung des Königs, Adels und Klerus formierte sich Frankreich zu einem Staatsgebilde, das fortan den Namen Nation trug. Der epochale Zusammenschluß von Nation und Staat fand statt. Zur Nation gehörte nunmehr, wer Staatsbürger war, will sagen, bereit war, sowohl die bürgerlichen Gesetze anzuerkennen, die die Organe des dritten Standes für das französische Territorium erließen, als auch die französische Sprache zu lernen, die ihrerseits aber kein striktes Nationalkriterium war. Daß alle frankophonen Gebiete auch der französischen Nation einverleibt werden müßten, stand nicht zur Debatte. Zwingende ethnische Zugehörigkeitskriterien gab es ebenfalls nicht. Man mußte nicht in Frankreich geboren sein, das Französische als Muttersprache sprechen oder einer bestimmten Religionsgemeinschaft angehören. So »sah die französische Republik keine Schwierigkeit darin, den Angloamerikaner Thomas Paine in ihren Nationalkonvent zu wählen«.[18] Auch »waren die sephardischen Juden, die ein mittelalterliches Spanisch sprachen, und die aschkenasischen Juden, die Jiddisch sprachen – und in Frankreich lebten Angehörige beider Gruppen – gleichermaßen Franzosen, sofern sie nur die Bedingungen einer französischen Staatsbürgerschaft akzeptierten, zu denen natürlich die Kenntnis des Französischen gehörte.«[19] Die Nation bestand aus dem Volk, und das Volk – »unabhängig und souverän, ungeachtet der Zahl der einzelnen Individuen, aus denen es besteht, und der Größe des Territorium, das von ihm bewohnt wird«, wie es in der Erklärung der Rechte von 1795 heißt[20] – wurde im Revolutionseifer nicht auf seine konkrete Zusammensetzung hin untersucht, sondern als homogene Einheit erachtet, und zwar unter politisch-rechtlichem Gesichtspunkt: als großer bürgerlicher Zusammenschluß gegen König, Adel und Klerus.

Und dennoch schwangen gelegentlich auch schon völkische Untertöne mit. »Es besteht kaum ein Zweifel«, bemerkt Hobsbawm, »daß den meisten Jakobinern ein Franzose, der nicht Französisch sprach, suspekt war und daß in der Praxis häufig das ethnisch-sprachliche Kriterium der Nationalität übernommen wurde. So lesen wir etwa in Barères Bericht über die Sprache an das Komitee für öffentliche Sicherheit:

[18] Op. cit., S. 32
[19] Op. cit., S. 33 f.
[20] Op. cit., S. 31

›Wer hat sich in den Departements Haut-Rhin und Bas-Rhin auf die Seite der Verräter gestellt und die Preußen und die Österreicher in unser Land gerufen? Es ist der Bewohner des [elsässischen] Landes, der dieselbe Sprache spricht wie unsere Feinde und der sich infolgedessen eher als ihr Bruder und Mitbürger und nicht als Bruder und Mitbürger von Franzosen betrachtet, die ihn in einer anderen Sprache anreden und andere Bräuche haben«.[21]

Daß die völkischen Untertöne zu Haupttönen werden: das macht dann im 19. Jahrhundert die Entstehung des Nationalismus aus. Sein Zentrum ist Europa, sein Motor die kapitalistische Industrialisierung. In ihren Kraftfeld werden die überkommenen Bedeutungselemente im Begriff der Nation neu gewichtet. »Einerley Gewohnheiten, Sitten und Gesetze«? Ja, die muß ein Staat haben, wenn er funktionieren soll. Er muß Nationalstaat sein. Als solcher kann er zwar Gesetze erlassen. Aber Sitten und Gewohnheiten? Müssen die nicht allmählich wachsen – auf der altehrwürdigen Basis gemeinsamer Abstammung und Sprache? Diese Ansicht gewinnt nun an Boden. Allerdings ist ihren Verfechtern daran gelegen, die völkische Gemeinsamkeit auch wieder nicht zu eng zu fassen. Daß eine Gruppe seit Menschengedenken im selben Alpental zusammenhockt und dieselbe Mundart spricht, qualifiziert sie noch nicht zur Nation. Zum

[21] Op. cit., S. 32

Nationalstaat gehört eine Mindestgröße. Friedrich List, der Begründer des deutschen Zollvereins und Vorkämpfer einer Wirtschaftswissenschaft, die nicht mehr politische Ökonomie, sondern Nationalökonomie heißen sollte, sagt 1841: »Große Bevölkerung und ein weites, mit mannigfaltigen Naturfonds ausgestattetes Territorium sind wesentliche Erfordernisse der normalen Nationalität […] Eine an Volkszahl und Territorium beschränkte Nation, zumal wenn sie eine besondere Sprache hat, kann nur eine verkrüppelte Literatur, nur krüppelhafte Anstalten für die Beförderung der Künste und Wissenschaften besitzen. Ein kleiner Staat kann innerhalb seines Territoriums nie die verschiedenen Produktionszweige zur vollständigen Ausbildung bringen«.[22]

Künste und Wissenschaften werden hier unversehens zu »Produktionszweigen«. Große deutsche Literatur sei zwar schon da, aber noch nicht der Wirtschaftsraum, den sie zu ihrer angemessenen Entfaltung brauche. Die deutschen und italienischen Kleinstaaten erscheinen daher ebenso als Hemmnisse wirtschaftlicher wie kultureller Entwicklung – nicht wert, Nationen zu heißen. Zwar gibt es Grenzfälle. »Warum ist Holland eine Nation und Hannover oder das Großherzogtum Parma nicht?«[23] Doch diese Frage zeigt nicht nur, wie viel Willkür in der Unterscheidung zwi-

[22] Op. cit., S. 43
[23] Ernest Renan, 1939, zitiert nach Hobsbawm, S. 35

schen Nationen und Nicht-Nationen steckt. Sie deckt zudem die im 19. Jahrhundert um sich greifende Neigung auf, die relativ homogene ethnische Struktur von Kleinkollektiven auch für Nationen herbeizuwünschen. Die Erfahrung, wie heterogen Nationalstaaten tatsächlich sind, schürte die Obsession, die eigene Nation müsse ein einheitliches Volk sein. Das machte Politiker wie Intellektuelle für eine völkische Interpretation der Rasse empfänglich, als ob sie es sei, ihr gemeinschaftliches »Blut«, was einem Volk »einerley Gewohnheiten, Sitten und Gesetze« garantiere. In allen führenden europäischen Nationen des ausgehenden 19. Jahrhunderts hat der Rassismus zur Formierung des Nationalbewußtseins beigetragen, wenn auch in unterschiedlichem Maße.

Nun bleibt es zwar nicht aus, daß eine Bevölkerung, die im selben Territorium lebt und denselben Gesetzen unterworfen ist, mit der Zeit auch gemeinsame Gewohnheiten ausbildet. Aber die sind ihr dann durch Staatsgewalt eingeschliffen worden und nicht aus der autochthonen Gemeinsamkeit der Abstammung, des »Blutes«, entstanden. Die Essenz aller nationalistischen Propaganda besteht hingegen gerade darin, die staatlichen Maßnahmen zur Disziplinierung und Vereinheitlichung der Bevölkerung als Bewahrung und Vertiefung ihres angestammten Volkscharakters auszugeben. Ohne ein Mindestmaß solcher Propaganda ist die Bevölkerung eines Staates kaum in der Lage, sich als Nation zu fühlen. Die Umgebung, die man als sein Herkunftsland erfährt, ist nämlich viel kleiner als ein Nationalstaat. Sie hat im Maximalfall die Dimension der Bretagne, Lüneburger Heide oder Toscana, aber nicht von Frankreich, Deutschland oder Italien. Auch das Patchwork von Herkunftsregionen, das sich bei Migranten gelegentlich einstellt, ergibt noch kein Staatsgebilde, während umgekehrt die wenigen Staaten, die klein genug sind, um als Herkunftsland erfahrbar zu sein, wie Monaco, Liechtenstein oder der Vatikan, nicht als Nationen firmieren.

Der Nationalstaat ist ein gesetzlich geregelter Wirtschafts-, Verkehrs- und Sprachraum, der sich der Bevölkerung darstellt, als sei er ihr eigenster Erfahrungsraum, ihr innerlichster, kostbarster Besitz, der den Einsatz von Leib und Leben mehr als lohnt. Diese Propaganda funktioniert deshalb so gut, weil sie ihren Adressaten die Brust schwellt. Sie bläst den heimatlichen Erfahrungsraum buchstäblich zu etwas Größerem auf und erhebt die Einzelnen zu einer höheren Gemeinsamkeit mit etwas, was sie zwar in der äußeren Realität nie erlebt haben, weil es sich gar nicht erleben läßt, dafür aber innerlich um so heftiger zu fühlen glauben. Genau genommen ist *grande nation* eine Tautologie. Nationen erwecken immer den Anschein von »Größe«: eines großen Landes, großer Persönlichkeiten, großer Ideen, die die Herzen höher schlagen lassen. Sie bieten sich dar wie einem Konfirmanden der etwas zu große Anzug, den er auf den Kredit, in ihn hineinzuwachsen, jetzt schon stolz zur großen Feier tragen darf.

Keine Nation ohne Nationalfeiertag. Spätestens wenn die Hymne angestimmt wird, zeigt sich, was die staatlich verstandene Nation ist: überdehnte, überspannte Heimat. Sie gewinnt eine geradezu kultische Dimension. Die allerdings konnte sich erst voll entfalten, als ein anderer Kult sich im Niedergang befand: der des Christentums. Die Entwicklung der großen Industrie, die Rekrutierung eines Proletarierheeres und die erste große Welle des Atheismus gehören zusammen, oder, aus der Vereinsperspektive von Papst Pius XI. formuliert: »Es ist der größte Skandal des 19. Jahrhunderts, daß die Kirche die Arbeitermassen verloren hat.«[24] Und dieser »Skandal« war auch die historische Chance der nationalen »Idee«. Die größeren europäischen Staaten hatten ungefähr den territorialen Umfang, die Ressourcen an Rohstoffen und Arbeitskräften und die kulturelle Höhe, um der kapitalistischen Wirtschaft in ihrer Frühphase das Regelwerk und den Entfaltungsraum zu bieten, dessen sie bedurfte. Und so waren sie auch in der Lage, von der nachlassenden Bindekraft des Christentums zu profitieren und sie je nach den Umständen zu stützen, zu beerben oder zu ersetzen. Gott als Schützer des Va-

[24] Zitiert nach Rogelio García-Mateo, *Die Methode der Theologie der Befreiung*, in: Stimmen der Zeit, Nr. 6, Juni 1986

terlands anrufen oder für Gott und Vaterland ins Feld ziehen – was etwa Deutsche und Franzosen 1871 wie 1914 fleißig gegeneinander taten – heißt den universal gedachten christlichen Gott des Christentums, der allen, die an ihn glauben, gleich nahe sein sollte, zu einem Nationalgott herabsetzen: zur Chiffre oder zum Erfüllungsgehilfen der nationalen Idee. Die Göttlichkeit von Ideen bemißt sich recht zuverlässig daran, wie weit Menschen bereit sind, Opfer für sie zu bringen, und göttlicher als im ersten Weltkrieg konnte die nationale Idee kaum werden. Für ihre Nation, die sie mit ihrer Heimat und ihrer eigensten Identität verwechselten, schlachteten einander Millionen von Soldaten aus den angeblich höchstentwickelten Kulturvölkern ab. Und die deutsche Sozialdemokratie, jene Partei, die auf der gesamten politischen Bühne Europas der größte Hoffnungsträger eines internationalen proletarischen Zusammenschlusses war, bewilligte ihrem Kaiser seine Kriegskredite. Die nationale Idee hatte über den Internationalismus gesiegt.

Daß dieser Sieg in Kürze noch einmal übertroffen werden könnte, war 1919 noch nicht vorstellbar. Es ist hier nicht der Ort, den nationalsozialistischen Terror darzustellen. Nur so viel: Mit ihm hat der Nationalismus seinen Gipfel erreicht – und überschritten. Nicht, daß seine Zeit nun einfach vorbei wäre. Es scheint sogar, »als hätte sich das ›Nationalitätsprinzip‹ weltweit auf triumphale Weise durchgesetzt. Alle Staaten der

Welt sind heute offiziell Nationen, die Befreiungs-
bewegungen sind zu ›nationalen‹ Befreiungsbewe-
gungen geworden, ›nationale‹ Parolen erschüttern die
ältesten Nationalstaaten Europas [...], die (post)-so-
zialistischen Regimes im Osten, die neuen entkolonia-
lisierten Staaten der ›dritten Welt‹ und selbst die Fö-
derationen der Neuen Welt.«[25] Der Nationalismus ist
weltweit präsent. Aber er »fungiert nicht mehr als eine
Haupttriebkraft der historischen Entwicklung«.[26] Er
ist nach dem zweiten Weltkrieg und mit dem Zerfall
des Ostblocks vielmehr in ein neues, globales Kraftfeld getreten, worin sich auch das Verhältnis von Nation und Heimat noch einmal neu darstellt.

[25] Eric J. Hobsbawm, l. c., S. 193
[26] Op. cit., S. 194

3. Globus

Global denken heißt die Erde als Globus ernst nehmen. Das taten Christoph Kolumbus und Vasco da Gama, als sie sich zur Erdumsegelung aufmachten. *Sie* sind die Pioniere der Globalisierung. Ihre Heldentaten machen freilich auch deutlich, daß die Formierung der Nationalstaaten von Anfang an eine globale Dimension hatte. Ohne ihre Kolonien, ohne aus ihnen Unmengen von Rohstoffen und Handelsgütern auf skrupelloseste Weise herbeizuschaffen, wären Spanien und Portugal, Holland, England und Frankreich nicht zu den großen Territorialstaaten der frühen Neuzeit aufgestiegen. Das blendet die Vorstellung vom homogenen Wirtschaftsraum, der sich notfalls als autarkes Gebilde, als »geschlossener Handelsstaat« (Fichte) behaupten können muß, vorab aus. Wie die Nation unter dem Gesichtspunkt der Heimat überspannt ist, so unter dem Gesichtspunkt der realen wirtschaftlichen Verflechtungen beschränkt. Für ersteres haben sich Marx und Engels nicht interessiert, letzteres dafür um so nachdrücklicher hervorgehoben und den Nationalstaat als Übergangsphänomen eingestuft: begrüßenswert, sofern er borniertter Kleinstaaterei ein Ende macht, zu bekämpfen, sofern er den wahren Kosmopolitismus, nämlich den internationalen Zusammenschluß des Proletariats, behindert. Lange würde er gegen die vereinte Arbeitermacht ohnehin nicht mehr aushalten.

Diese Hoffnung hat gründlich getrogen. Zu sehr war das Seelenleben der Bürger, auch der proletarischen, für die nationale Idee empfänglich, zu vertraut der Umgang mit heimischen Klassenfeinden im Vergleich zu ausländischen Arbeitergenossen, deren Sprache und Sitten man nicht verstand, zu erhebend das Gefühl, auch als das niedrigste Mitglied einer »großen« Nation noch zu denen zu gehören, die auf alle anderen herabsehen können, und zu offensichtlich die Funktionalität des Nationalstaats. Dessen materielle Grundlage, die kapitalistische Wirtschaft, war zwar von Anfang an etwas Übernationales, das Kapital ein vaterlandsloser Geselle, den es dorthin zieht, wo der größte Gewinn lockt. Aber damit der Gewinn dauerhaft ist, braucht er zuverlässige Rahmenbedingungen: Gesetze, Vereinbarungen, Verkehrswege, Kommunikationskanäle, Ausbildungs- und Wissenschaftsstandards. Niemand als der Nationalstaat war bisher in der Lage, sie zu gewährleisten. Keine andere Einrichtung ist in Sicht, die das für ihn übernehmen könnte. Die EU etwa kann nationale Gesetzgebungen korrigieren und regulieren, der IWF kann ökonomischen Druck auf sie ausüben; ersetzen können sie sie beide nicht.

Dennoch ist der Nationalstaat in einer essentiellen Krise – nicht durch proletarische Weltrevolution, wohl aber durch die globale Revolutionierung der Produktionsweise, die mit der Mikroelektronik eingesetzt hat. Früher hatte eine Firma, auch wenn sie längst an internationalen Zusammenschlüssen beteiligt und in ein weltweites Netz von Lieferanten und Kunden verwickelt war, einen zentralen Standort, wo sich ihre Fabrikanlagen ballten, ihre Schlote rauchten, ihre Verwaltung saß und der Chef residierte. Heute hingegen firmieren Nationalstaaten als Standorte. »Den Standort Deutschland stärken« heißt: So viel wie möglich von jener hochtechnologischen Industrie, die ihre Produktionsstätten über den ganzen Globus zerstreut, aufs eigene Territorium ziehen.

Welche Ausmaße diese Zerstreuung annimmt, hat kürzlich ein ZEIT-Dossier an der deutschen Elektrofirma Braun durchbuchstabiert. Ihr offizieller Firmensitz ist Kronberg im Taunus, ihr Rasierer »Activator« hingegen besteht aus Teilen, die in weit auseinander liegenden Erdteilen gebaut werden. Da ist die kleine bayrische Zulieferfirma, die die Motorkontakte für den »Activator« herstellt, Brauns Preisvorgaben aber nur noch erfüllen kann, weil sie ihre Produktion nach Tschechien verlegt hat, wo Frauen für drei Euro pro Stunde »Litzen mit scharfkantigen Metallblättchen« verbinden. Aber Tschechien ist ja fast noch vor der Haustür. Die Netzstecker für das Gerät liefert nämlich die Tochterfirma Braun Shanghai, besser gesagt: sie lieferte. Denn nun kommt etwas Atemberaubendes.

Braun verteilt, wie alle Jahre, seine Aufträge neu, und das geht so: In Kronberg schaltet der zuständige Prokurist seinen Computer ein und »öffnet ›eBreviate‹, ein neues Computerprogramm für Versteigerungen. Sieben Firmen haben sich um die Netzstecker beworben, und Knippler tut nicht viel mehr, als dabei zuzusehen, wie sich irgendwo auf der Erde die sieben Wettbewerber immer weiter unterbieten: zwei Dollar sechzig [...] fünfzig [...] vierzig sieht er auf dem Monitor.«

»Es ist so ganz anders als in den neunziger Jahren, als Knippler, der Prokurist, Briefe und Faxe an mögliche Lieferanten schrieb, höflich um Kostenvoranschläge bat, lange auf Antworten wartete, vielleicht einmal nachverhandelte und schließlich das günstigste Angebot nahm.« Nun fängt sein Versteigerungsprogramm dort an, wo er »vorher aufgehört hatte: bei den niedrigsten schriftlichen Angeboten.« Er »schreibt jetzt jedes Jahr alle Elektronikteile aus. Es gibt keine Verbindlichkeiten mehr, auch nicht eigenen Werken gegenüber. Knippler ist nicht dafür angestellt, sie zu schützen. Er soll sie anstacheln.« Dazu gibt er gelegentlich kleine e-mails in die laufende Versteigerung: »Sie laufen Gefahr, einen Uefa-Cup-Platz zu verfehlen« oder »Beabsichtigen Sie, als erster oder zweiter Verein in der Champions League zu spielen?« Das Rennen macht schließlich zur allgemeinen Verblüffung Friwo, eine deutsche Firma aus einem Dorf im Münsterland. Sie war einfach nicht zu unterbieten:

zwei Dollar. Doch sie »kalkulierte nicht mit deutschen Kosten, sondern mit chinesischen. Der Auftrag über die Netzstecker verschwindet aus dem Braun-Werk Shanghai und geht in den Süden des Landes, an Friwo China, ins Werk Shenzhen am Perlflußdelta.« Dort arbeiten Frauen noch für Löhne, die in Shanghai nicht mehr akzeptiert werden. Davon ahnen die Arbeiterinnen, die in Marokko bei Braun Casablanca die Transistoren für den »Activator« zusammenbauen, vorerst nichts. Aber sobald in Kronberg ein günstigeres Angebot vorliegt, wird es ihnen nicht anders ergehen als ihren Kolleginnen in Shanghai. Walldürn, eine Kleinstadt im Odenwald, firmiert zwar als Brauns deutsches Produktionszentrum. Doch hier kommen die in Tschechien, China, Marokko und Schweden gefertigten Teile nur noch zur Endmontage zusammen, und, wie zum Hohn, zur Vergabe des altbewährten nationalen Gütesiegels: »mit Laser wird ›made in Germany‹ in den Rücken der Geräte gebrannt«.[27]

Kapitalflucht ist unter solchen Bedingungen nicht mehr das illegale Herausbefördern von Geld aus dem eigenen Land; es ist die ganz normale Produktions- und Existenzweise des Kapitals selbst. Natürlich müssen irgendwo auf festem Grund stabile Gebäude mit funktionierenden Maschinen stehen, wenn zuverlässig produziert werden soll. Aber sie werden nun vorab wie

[27] Henning Sussebach / Stefan Willeke, *Operation Lohndrücken*, in DIE ZEIT 11/2005, S. 15–17

Container konzipiert, die man ebenso schnell auf- wie abbauen kann. Die Produktionsanlagen, die, einmal aufgestellt, den festen Standort eines Unternehmens ausmachten, werden selbst mobil. Wie die Geldmassen an der Börse lassen sie sich hin- und herschieben, nur nicht so schnell. Während aber das internationale Börsengeschäft staatliche Rahmenbedingungen auf ein paar gewinnträchtige Spielregeln beschränkt wissen möchte, ist die Produktion nach wie vor in ungleich höherem Maße auf den Staat angewiesen. Wer sonst soll ihr die Infrastruktur, Schulbildung, medizinische Versorgung und öffentliche Sicherheit bereitstellen?

Diese Leistungen dienen natürlich nicht nur dem Kapital. Sie sind zivilisatorische Errungenschaften, von denen alle Bürger etwas haben, nur in sehr unterschiedlichem Maße. Wenn sie fehlen, herrschen barbarische Zustände. Nur wird es dem Nationalstaat immer schwerer, diese Leistungen zu erbringen. Er kann sich ja nicht einfach davonmachen. Er ist »fix«, das Kapital hingegen flüchtig. Jede seiner Niederlassungen ist schon ein virtueller Aufbruch. Damit übt es einen qualitativ neuen Dauerdruck auf den Staat aus. Wenn deine Konditionen mir nicht passen, gehe ich; andere warten schon auf mich: das ist der Vorbehalt, unter dem all seine Niederlassungen stehen. Nach wie vor rahmt der Staat die kapitalistische Produktionsweise. Er gibt ihr eine Form. Aber weniger denn je kann die Form den Inhalt halten, wie das Wasser auf dem Siedepunkt eine qualitativ neue Beweglichkeit bekommt, dem Topf zu entweichen beginnt und ihn allmählich leer zurück läßt.

Die Globalisierung höhlt den Nationalstaat aus. Je mehr das Kapital sich ihm entzieht, desto geringer werden seine Steuereinnahmen, während der Druck auf ihn steigt, dem Kapital die komfortablen Rahmenbedingungen zu finanzieren, ohne die es keinen »Anreiz« hat, Produktionsstätten einzurichten. Es ist ja nicht dazu gezwungen, kann auch direkt an die Börse gehen und mit Aktien spekulieren, was kurzfristig zudem oft lukrativer ist – solange genügend andere in die Produktion investieren und den Aktienpreisen einen gewissen seriösen Fundus geben. Rahmenbedingungen sind auch Indikatoren des materiellen und kulturellen Lebensstandards einer Nation. In sogenannten Sozialstaaten wurden sie aus jenen hohen Kapitalsteuern und Löhnen finanziert, die Arbeiter und Gewerkschaften in eineinhalb Jahrhunderten immerhin erkämpft hatten. Nun muß der Staat »sparen«, das heißt weniger Steuereinnahmen verteilen und seine Haushaltslöcher notdürftig stopfen, sei es durch weitere Staatsverschuldung, die ihrerseits beträchtliche Zinsen, also Steuern kostet, sei es durch zusätzliche Beteiligung der Bürger an den Kosten für ihre Ausbildung, Versorgung, Mobilität und Sicherheit. Sie sollen mehr »Verantwortung« übernehmen.

Das Ende dieser Maßnahmen, die die jeweilige Opposition mit vollem Recht »Flickschusterei« nennt, ist überhaupt nicht abzusehen, zumal das Heilmittel, das die Nationalstaaten geradezu unisono gegen ihren Einnahmeschwund ausbieten, Steuersenkung heißt, also weiteren Einnahmeschwund. Lieber den Schwund sichern und darauf hoffen, daß er das Kapital nur so ansaugt und das Land mit blühenden Produktionsstätten und Vollbeschäftigung übersät, als das Kapital weiter vergraulen und den Schwund unkalkulierbar machen. So nimmt sich das *Prinzip Hoffnung* in der neoliberalen Wirtschaftsdoktrin aus. Es ist, als wollten Prostituierte durch günstigere Preise ihre Freier zu treuen Lebensgefährten machen.

Die wirtschaftliche Schwäche des Nationalstaats beeinträchtigt auch sein Ansehen. Reputationsschwund ist zwar nicht so gut meßbar wie Steuerschwund, aber es gibt einen vielfach bewährten Indikator für Gefühlslagen, der auch hier hilfreich sein dürfte: den Sport. Moderner Hochleistungssport ist ebenso unabtrennbar von den Massenmedien wie vom Nationalstaat. Eigentlich hat Sport ja etwas Befriedendes. Er besteht aus sublimierten, nur noch symbolischen Kriegshandlungen. Die Spannungen zwischen den Nationen auf unschädliche Weise abbauen, das Schlachtfeld durch das Spielfeld des friedlichen Wettkampfs ersetzen: das war denn auch ebenso das Motto der 1896 wiederbelebten Olympischen Spiele wie der ersten internationalen Fußballbegegnungen. Stets aber konnte die Stimmung umschlagen. Die Olympischen Spiele in Berlin 1936 waren Bestandteil der nationalen Aufrüstung. Ob der Sport mehr Nationalismus abgebaut als angefacht hat, steht dahin. »Was den Sport als Medium der Vermittlung einer nationalen Gesinnung zumindest bei Männern so unerhört wirksam machte, ist die Mühelosigkeit, mit der sich selbst die politisch oder öffentlich uninteressiertesten Individuen mit der Nation identifizieren können, sobald diese durch erfolgreiche Sportler symbolisiert wird, in deren Disziplin fast jeder irgendwann einmal in seinem Leben gern Besonderes geleistet hätte. Die vorgestellte Gemeinschaft von Millionen scheint sich zu verwirklichen als eine Mannschaft aus elf Spielern, die alle einen Namen tragen. Der einzelne, und wenn er nur die Spieler anfeuert, wird selbst zu einem Symbol seiner Nation.«[28]

Diese Verbindung von Nation und Sport, die zu den festen Verhältnissen des 20. Jahrhunderts gehörte, beginnt sich zu lockern. Fußballnationalmannschaften? Für die haben die hoch bezahlten Kicker nur noch die Zeit, die ihnen ihr Verein dafür läßt. Er hat sie für teures Geld gekauft; er bestimmt ihren Terminkalender. Der Verein ist einerseits unterhalb der Nation, nämlich nur eine lokale Größe, andrerseits oberhalb; er kauft seine Spieler in der ganzen Welt. Eine Nationalmannschaft besteht aus den Besten mit einer be-

[28] Eric J. Hobsbawm, l. c., S. 168 f.

stimmten Staatsangehörigkeit, ein ambitionierter Verein aus den Besten, die der Weltmarkt bietet. Die Champions League – inzwischen auch ein beliebter Kosename für die an der Börse am höchsten bewerteten Firmen – trägt ihre Spiele jedes Jahr aus. Im Monats- oder gar Wochenrhythmus treffen die Besten der Welt aufeinander. Dazwischen fallen die Begegnungen von Nationalmannschaften, wo eben diese Besten nur in anderer Mischung und weniger gut aufeinander eingespielt antreten, kaum mehr auf. Sehr zweifelhaft, ob Nationalmannschaften noch so gut spielen wie große Vereinsmannschaften. Je attraktiver die Fußballweltmeisterschaft als Wirtschaftsfaktor wird, desto mehr verliert sie ihre sportliche Aura. In Ländern wie Brasilien hält die Nation immer noch den Atem an, wenn die »Seleção« spielt. Da stehen die Räder still, die Straßen sind leer. In Europa geht das öffentliche Leben weiter.

Die Nation hebt nicht mehr die Herzen wie einst. Aber größere geographische Einheiten tun das erst recht nicht. Schon Europa ist zu abstrakt dazu, nicht zu reden vom Erdball als ganzem. Der wird nur für die wenigen Astronauten, die ihn aus dem Weltall im Sonnenlicht erstrahlen sehen, zu einer ergreifenden Erfahrung, ja zum Erreger heimatlicher Gefühle, die sich aber rasch wieder verlieren, wenn sie auf seine Oberfläche zurückgekehrt sind. Dort sind Nähe und Ferne anders dimensioniert. Und wenn die emotionale Anziehungskraft der Nation nachläßt, sinkt das Identifikationsbedürfnis, dessen Reichweite nun einmal begrenzt ist, ab auf die lokale Ebene. Die Emotionen dort aufzufangen und zu organisieren, darin sind die großen Fußballvereine Meister. Besonders lehrreich ist einer, der das Lokal-Heimatliche schon demonstrativ im Namen führt: Bayern München. »Bayern« steht hier nicht nur für eine Region, sondern für einen besonders kernigen Menschenschlag mit eigenen Bräuchen und Sitten, um nicht zu sagen, einer eigenen Kultur, kurzum, für eine ethnische Einheit. Und der gleichnamige Verein läßt es sich nicht nehmen, alle eingekauften Kicker einem Initiationsritus zu unterziehen: Sie werden in Bayerntracht abgelichtet. Zé Roberto oder Karimi in Lederhose, Trachtenjanker und mit Weißbier in der Hand: dabei schmunzeln zwar alle Beteiligten. Dennoch hat es etwas von erkennungsdienstlicher Behandlung. Die Porträts der Kicker hängen aus wie bayrische Trophäen, machen damit aber gerade sinnfällig, was sie verdecken sollen: Von den Prominenten bei Bayern München ist, rechnet man einmal den alles überstrahlenden Beckenbauer ab, so gut wie niemand mehr Bayer.

Das ist bei den Fans anders. Der Verein könnte nicht im ganzen Land Anhänger haben, gäbe es nicht einen lokalen bayrischen Kern: Leute, die München und sein Umland als Heimat empfinden. Mag sein, daß sie nie eine echte Bayerntracht trugen und mit Basecap und Turnschuhen unterwegs sind, aber »ihrer«

Bayernelf ebenso im heimischen Stadion wie bei Auswärtsspielen zur Seite zu stehen und sich bei jeder passenden Gelegenheit mit den Emblemen des Vereins zu behängen, ist zentraler Bestandteil ihres Heimatgefühls. Das Bayrische an Bayern München sind sie. Nur weil sie die Stadien füllen und den Verein anfeuern, kommt das große Geld hinzu: von Sponsoren oder aus dem Verkauf von Fernsehübertragungsrechten. Das internationale Geschäft lebt von einem Herd heimatlicher Emotionen, die es kanalisiert, aufbläht und ausbeutet. Es faßt jenes bodenständige, ethnisch und kulturell besondere Bayern, das sich in der Realität immer mehr verflüchtigt, noch einmal zu einer sportlichen Idee zusammen, gewissermaßen zu einem Logo, das zwar kaum weniger hohl ist als das »made in Germany« auf den Braun-Rasierern, aber einem gegenstandslosen Heimatbedürfnis einen ungleich attraktiveren Kristallisationspunkt darbietet.

Eigentlich rekrutieren alle großen Vereine weltweit ihre Gefolgschaft nach dem gleichen Muster: Global Players halten lokalpatriotische Emotionen am Kochen. Zwar haben sich während der ganzen Neuzeit unterhalb des Patriotismus, der auf den Nationalstaat getrimmt war, auch liebevolle Regungen zur heimatlichen Region erhalten – gelegentlich nicht ohne Feindseligkeit gegen Außenstehende. Hier aber findet, gewissermaßen an der Nation vorbei, etwas statt, was nicht unpassend »Glokalisierung« genannt worden ist. Je mehr die lokale Umgebung durch industrielle Umwälzungen ihre heimatliche Vertrautheit verliert, desto mehr bekommt die Identifikation mit ihr Auftrieb durch die Allianz mit global agierendem Kapital. So entsteht ein qualitativ neuer Lokalpatriotismus, der Anstalten macht, dem alten nationalen Patriotismus den Rang abzulaufen. Nicht verwunderlich, daß die sportliche Identifikation an der Nation immer weniger Halt findet. Die Teams der großen Fahrrad- und Autorennen sind ebenso international zusammengesetzt wie die der Fußballvereine, wobei die führenden Firmen sich nicht mehr mit Sponsoring begnügen, sondern selbst den Verein bilden. Beim Tennis sind die Daviscup-Mannschaften kaum mehr als nationale Hülsen um die Einzelspieler, denen das Hauptinteresse gilt. Bei den zahllosen Leichtathletik-, Schwimm- und Bootsmeisterschaften wird das unentwegte Abspielen von Nationalhymnen, wenn die Sieger aufs Treppchen treten, zum Gedudel, das allenfalls die unmittelbar Betroffenen noch zu Tränen rührt. Zum Sportidol wird man, auch im eigenen Land, weniger denn je allein wegen seiner Hochleistung plus Nationalität; man muß einen bestimmten werbewirksamen Typus verkörpern – in die Raster des internationalen Reklamedesigns passen.

Die Dekomposition nationaler Gefühlsökonomie, die das internationale Sportgeschäft betreibt, entspricht einer Tendenz, die Eric Hobsbawm im weltpolitischen Feld schon in den 1990er Jahren beobachtet hat: Der Nationalismus befindet sich im Rückwärtsgang. Seine charakteristischen Bewegungen »sind im wesentlichen negativ, genauer gesagt, separatistisch. Sie pochen auf ›ethnische Zugehörigkeit‹ und sprachliche Unterschiede, zum Teil mit Religion verbunden.« In den Basken, Frankokanadiern, Flamen, Slowaken, Slowenen, Kroaten, Bosniern, Serben, Tschetschenen, die auf politischer Selbständigkeit bestehen, kann man durchaus »Erben der kleinstaatlichen Bewegungen sehen, die sich gegen das Habsburger, das Osmanische und das Zarenreich richteten«. »Immer wieder erwekken sie den Eindruck, sie seien Reaktionen aus Schwäche und Angst, Versuche, Barrikaden gegen die Kräfte der modernen Welt zu errichten.«[29] Hinzu kommt jene »semantische Illusion«, »die heute alle Staaten offiziell zu ›Nationen‹ (und zu Mitgliedern der Vereinten Nationen) macht«. »Infolgedessen neigen alle Bewegungen, die nach territorialer Unabhängigkeit streben, zu der Vorstellung, ihr Ziel sei die Errichtung einer ›Nation‹, auch wenn dies überhaupt nicht der Fall ist; und alle Bewegungen, die für regionale, lokale oder auch partikulare Interessen gegen die Zentralmacht und den bürokratischen Staatsapparat kämpfen, werden sich nach Möglichkeit ein nationales Kostüm umhängen und auf ethnische und/oder sprachliche Eigenständigkeit pochen. [...] Aruba will sich von Nie-

[29] Op. cit., S. 194 f.

derländisch-Westindien lossagen, weil es nicht mit Curaçao verbunden sein will. Wird die Insel dadurch zu einer Nation?«[30]

In der globalen Landschaft nationaler Separatismen ist die Wiedervereinigung Deutschlands ein gegenläufiger Fall, eine Ausnahme, die sich der Regel verdankt, nicht aber die Wiederkehr des Bismarckschen Nationalismus. »Man braucht lediglich die Einigungen Deutschlands von 1871 und 1990 miteinander zu vergleichen, um die Unterschiede zu bemerken. Die erste wurde als lang erwartete Verwirklichung eines Ziels angesehen«. Die zweite überraschte alle Beteiligten. Ihr »plötzliches Eintreten und das offensichtliche Fehlen jeglicher Vorbereitung für dieses Ereignis zeigen, daß es entgegen aller öffentlichen Verlautbarungen das Nebenprodukt unerwarteter Entwicklungen außerhalb Deutschlands war.«[31] Erst der Zerfall des Ostblocks gestattete, daß Ostdeutschland zu Westdeutschland kam – ein Anschluß, der die nationalen Ambitionen des neuen Gesamtdeutschland allerdings deutlich verstärkt hat: den Anspruch auf ein »normales« Nationalbewußtsein ebenso wie auf einen ständigen Sitz im Weltsicherheitsrat der Vereinten Nationen. Diese Entwicklung sollte nicht nur im Ausland mit Argwohn verfolgt, aber auch nicht überschätzt werden. Von der Aushöhlung durch Globalisierung bleibt

[30] Op. cit., S. 204
[31] Op. cit., S. 202 f.

der deutsche Nationalstaat ebenso wenig verschont wie alle anderen.

Im Zeitalter ihrer Entstehung war die moderne Nation aufgeschwollene, überspannte Heimat, aber immerhin Rahmen kulturellen und sozialen Fortschritts. Nun entwickelt sie sich mehr und mehr zur Zielscheibe des Slogans *mid is shit*: zu jener Mittelgröße, die als Wirtschaftsraum viel zu klein, als vertraute, heimische Umgebung aber viel zu groß ist. Die Globalisierung ruft einen neuen Regionalismus hervor, der wiederum nur Stärke gewinnt, wenn globales Kapital ihm zu Hilfe kommt. Beide zusammen ergeben im harmloseren Fall die Milieus, die sich um große Sportvereine bilden, im ernsteren Fall Kleinstaaten, die sich als homogene ethnische oder gar religiöse Einheiten wiederherstellen wollen. Beide kommen mit einer von Global Players gestützten Heimatprätention daher, die lokalem Fanatismus fruchtbaren Boden bereitet. Ich möchte sie alle nicht geschenkt haben, diese Lokalpatriotismen und Schrumpfnationalismen. Dennoch artikuliert sich in ihnen auf schaurige Weise etwas ganz Legitimes: das Bedürfnis nach einer vertrauten, überschaubaren Umgebung, die unter den Imperativen der Mobilität, Flexibilität und Innovation rapide verloren geht, kurzum, nach etwas, wofür das deutsche Wort Heimat steht.

Berechtigtes Bedürfnis und schaurige Äußerung: dies Mißverhältnis ist nicht nur ein Philosophenproblem. Es ist zum Beispiel Alltag von Millionen Arbeitslosen, bei denen sich, in perspektivloser Situation, das natürliche Bedürfnis nach Flüssigkeit als unentwegter Bier- oder Schnapsdurst zu artikulieren begonnen hat. Niemand, der bei Sinnen ist, empfiehlt, sie vom Alkohol wegzubringen, indem man ihnen alle Getränke entzieht. Auch das Heimatbedürfnis läßt sich nicht einfach austrocknen. Heimat zu tabuisieren, um allen Anfängen eines wiederkehrenden Nationalismus zu wehren, ist ebenso fragwürdig wie das Gegenstück: Heimat wieder zu pflegen im Dienste eines »normalen« Nationalgefühls, das auch Deutschen auf die Dauer nicht verwehrt bleiben dürfe. Dieser Frontstellung liegt allerdings ein geheimer Konsens zugrunde, und es wäre schon einiges gewonnen, wenn er sich aufbrechen ließe.

4. Heimatkunde

Zur vertrauten Umgebung in modernen Wohnblöcken gehört oftmals eher das Personal der gerade im Fernsehen laufenden Seifenoper als die räumliche Nachbarschaft. Es ist nichts Ehrenrühriges, auch nicht immer unmöglich, sich mit den nächsten Anwohnern bekannt, gelegentlich sogar vertraut zu machen. Das wäre dann ein erster Schritt in jener praktischen Heimatkunde, auf die der Liedermacher Walter Mossmann verfiel, nachdem er den Schulstoff Heimatkunde gründlich leid war. Da »wird ein völlig harmonisches Bild von der Heimat vermittelt, was sich in Landschaftsbildern ausdrückt mit dem harmonischen Baum auf der harmonischen Wiese und dem harmonischen Liebespaar [...] beim Picknick. Bedrohungen, Konflikte, Aufstände, Revolten, Unterdrückungen kommen da nicht vor. Und dann haben wir gesagt, jetzt machen wir Heimatkunde, nicht nur über die unterdrückte Geschichte der unterdrückten Klassen in Deutschland, sondern: Wie war das hier in Freiburg am Kaiserstuhl, in unserer näheren Umgebung, wie war das 1848/49, wie war das unter den Nazis, wer hat da mitgemacht und warum, wo gab's antifaschistischen Widerstand, wie sah das nach 45 aus [...].Ein

Orientierungspunkt ist für uns der 20. September 1974. Da haben wir, südbadische Bürgerinitiativen und die [...] Bürgerinitiativen im Elsaß, gemeinsam einen Aufruf verfaßt, daß wir Plätze besetzen werden [...], einmal in Marckolsheim, um ein äußerst gefährliches Bleichemiewerk zu verhindern, dann in Wyhl, um ein Atomkraftwerk zu verhindern.« »Und da ist etwas passiert, was es in dieser Region schon ewig nicht mehr gegeben hat: die Leute haben sich über die Grenzen hinweg zusammengeschlossen.« »Das war ein ganz zentrales Ereignis für die Bewegung hier, weil die Geschichte der Region die eines Grenzlandes ist [...], weil sich an den Grenzen immer der Wahnsinn des nationalen Chauvinismus ausdrückt, weil da immer die Kriege losgehen. Hier ist das so absurd. Die Leute rechts und links vom Rhein haben eine gemeinsame Geschichte über viele Jahrhunderte hinweg, sie sprechen als Volkssprache eine gemeinsame Sprache. Und nun haben sie gemerkt [...], daß sie auch gemeinsam bedroht sind.« »Seitdem wir das erkannt haben, gibt es diese regionale Bewegung [...]. Das ist eine Volksbewegung. Und eine Volksbewegung ist nur dann eine, wenn derart unterschiedliche Leute drin stecken, daß es dauernd Reibungen gibt.«[32]

Es ist wohlfeil, solche Bewegungen als Graswurzelumtriebe abzutun, denen es bloß um die eigene Schol-

---

[32] Walter Mossmann, in: *Heimat deine Heimat*. Ein Lesebuch, hg. v. Jürgen Liebing, Darmstadt u. Neuwied, 1982, S. 143 ff.

le gehe, aber nicht um das vom Kapital bestimmte Ganze. Aufs »Ganze« hat nämlich niemand direkten Zugriff, und wer nicht zur Not vor der eigenen Haustür beginnt, wo ihm die Verhältnisse am ehesten vertraut sind, kommt besagtem Ganzen nicht einmal schrittweise näher. Die badisch-elsässische Volksbewegung ist zwar längst an ihren »Reibungen« zugrunde gegangen. Sie war nie eine Idylle und stets reichlich durchsetzt von Vertretern eines politisch dubiosen Kleingärtnerdenkens. Dennoch schien an ihr etwas von jener konkreten Heimat auf, die wiederzugewinnen wäre: ein gemeinsamer Erfahrungsraum, der über nationalstaatliche Grenzen hinweg als gemeinsamer Verantwortungsraum wahrgenommen wird. Ein solcher Raum wurde zwar nicht verwirklicht, aber er wurde greifbar. Für einen historischen Augenblick zeigte sich, daß eine vom Nationalstaat emanzipierte Heimat kein Ding der Unmöglichkeit ist.

Man sollte Mossmanns improvisierte Unterscheidung von Heimat und Nationalstaat auf der ganzen Linie des Deutschland-Diskurses durchziehen. Dann könnten viele seiner Frontstellungen friedlich einstürzen. Großzügig könnte man noch nachträglich allen Sudetendeutschen, Ostpreußen und Schlesiern von 1945 den Heimatvertriebenenstatus bekräftigen und es ganz selbstverständlich finden, daß Vertriebene sich in Verbänden zusammentun, um gemeinsam ihr Heimweh zu lindern, nicht viel anders als die *nationes* der alten Pariser Universität. Der Skandal ist, *wie* die Vertriebenenverbände Heimwehlinderungspolitik betrieben: mit tiefer Gekränktheit über das Erlittene und eklatantem Mangel an Unrechtsbewußtsein für das von Deutschen Getane, was zur Vertreibung allererst führte. Für die eigene Vertriebenheit Genugtuung verlangen, aus der Emigration zurückkehrende Juden und Sozialisten hingegen als vaterlandslose Gesellen schmähen: das war im Nachkriegsdeutschland ein durchaus beliebtes Argumentationsmuster. Schuld daran war aber weder die verlorene Heimat noch die Sehnsucht nach ihr, sondern die Aufgeblähtheit der Heimatverbundenheit zu einem durch keine Untaten zu beschämenden Nationalstolz.

Der Unwille, diese beiden Dinge auseinander zu halten, erschwert die Vergangenheitsbewältigung ebenso wie die Sperre dagegen, zwei andere zusammenzubringen. Daß Täter zugleich auch Opfer sein können: warum soll das so schwer zu denken sein? Es läßt sich an jedem Zwangsrekrutierten, der »im Feld« andere tötet und selbst dabei umkommt, leicht zeigen, verwässert nicht etwa die Fakten, sondern verlangt, genauer hinzuschauen: In welcher Hinsicht und in welcher Rang- und Reihenfolge ist jemand Täter und Opfer? Wenn etwa der an sich richtige Satz »Die Deutschen waren im Nationalsozialismus auch Opfer« so gedreht wird, daß sie *vor allem* Opfer waren, nämlich »hineingefallen« auf einen diktatorischen

Rattenfänger, so wird eine kapitale Geschichtsfälschung daraus. Die Gegenthese, die Worte deutsch und Opfer auch nur zusammen zu erwähnen sei bereits eine schamlose Quadratur des Kreises, ist ebenso realitätsuntüchtig. Natürlich sind Heimatvertriebene auch dann Opfer, wenn sie Deutsche sind. Hinzu kommt, daß es überwiegend Frauen und Kinder waren, die die Vertreibung an Ort und Stelle erlebten, also diejenigen, deren Anteil an der Täterschaft am geringsten war, so daß viele einzelne mehr Opfer als Täter waren, ohne daß sich dadurch auch nur irgendetwas am Gesamtprospekt ändert: daß die Vertreibung aus den deutschen Ostgebieten zu den großen Strafen gehört, die sich die deutsche Nation durch ungeheure Untaten zugezogen hat. Erst wenn der Strafstatus felsenfest steht, dann ist zu prüfen, ob die Strafe immer die Richtigen und auf verhältnismäßige Weise getroffen hat, genauso wie jemand, der wegen Vergewaltigung einsitzt, sehr wohl Gelegenheit haben sollte, sich gegen unnötige Schikanen im Strafvollzug zu wenden und sein Leiden daran zu artikulieren, nicht aber, seine Haft als Freiheitsberaubung einzuklagen und Entschädigung dafür zu fordern.

Von deutschem Kriegsleiden und Heimatverlust zu handeln, ist vollkommen unbedenklich, wenn die Gewichte stimmen. Daß zum 60. Jahrestag des Kriegsendes die Massenmedien noch einmal möglichst viele zu Wort kommen ließen, die 1945 die Zerstörung ihrer

Heimat oder Vertreibung aus ihr erlebt haben – bald werden sie nicht mehr sprechen können –, ist zunächst einmal ein unerläßliches Stück kollektiver Gedächtnisarbeit und nicht vorab schon ein weiterer Versuch, aus Tätern Opfer zu machen, auch wenn einige der Befragten allzu nachdrücklich in die Opferrolle schlüpften. Sogar ein Zentrum gegen Vertreibung kann ein Ort der Aufklärung und Verständigung sein, wenn es denn tatsächlich transparent macht, was Vertreibungen mit Menschen anstellen, ohne das Verhältnis von Ursachen und Wirkungen zu verdunkeln. Hingegen ist Alarm angezeigt, wenn die fällige Rückbesinnung auf Heimat sogleich einen fundamentalontologischen Zug bekommt, als wäre sie Boden, Ursinn und Grundwertekatalog in einem – »Heimat ist der Grundstein, auf dem ein Leben aufbaut«, »gehört zu den Empfindungen, die ein ganzes Leben lang nicht verblassen«, »ist das Bekenntnis zu Einstellungen, Tugenden und Regeln, die Fähigkeit, zwischen gut und schlecht unterscheiden zu können« – wobei die Trennungserfahrung, die aller konkreten Heimatbildung voraus geht, erst gar nicht vorkommt, stattdessen aber dies: »Der Verfassungsvertrag der Europäischen Union appelliert an den Nationalstolz der Mitgliedsländer, während wir selbst gleich an braune Horden denken, wenn nur dieses Wort zu hören ist. Die Liebe zum Vaterland ist ausnahmslos für alle unsere Nachbarn eine bare Selbstverständlichkeit, wir aber zerbrechen uns darüber den Kopf, ob man denn nicht nur Menschen, sondern auch sein Land überhaupt lieben kann.«[33]

Heimat, Nationalstaat, Nationalstolz kommen hier vereint daher, als wären sie eine Naturverbindung wie H_2O. Zu Stolz berechtigt jedoch nur, was man selbst bewirkt oder zumindest mitbewirkt hat. So mögen die aktiv Beteiligten auf die demokratische Verfassung, die hohen Sozialleistungen oder das kulturelle Niveau in ihrem Staat stolz sein. Ansonsten kann man für die Umgebung, den Landstrich, den Staat, in dem man geboren ist, aufwuchs oder Aufnahme fand, allenfalls dankbar sein. Stolz darauf, Deutscher zu sein, ist wie Stolz darauf, zwei Meter groß zu sein – auch dann unsinnig, wenn die EU an den Nationalstolz ihrer Mitgliedsländer »appelliert«. Appell ist, übrigens auch in Deutschland, gar nicht nötig. »Wir sind Papst«, titelte die BILD-Zeitung am 20. April 2005, als sei der deutsche Kardinal Ratzinger in Berlin auf den Stuhl Petri gewählt worden. Sie traf damit genau die Stimmungslage. Überall schwoll Deutschen die Brust, daß einer der Ihren Heiliger Vater geworden sei. Aus allen politischen Verlautbarungen sprach die Genugtuung darüber, wieder eine Nation zu sein, aus der ein Papst kommen darf. In Worten Ludwig Erhards: »Wir sind wieder wer.«

---

[33] Christoph Böhr, *Heimat*, Frankfurter Allgemeine Zeitung, 26. 3. 2005, S. 9

In diese Dimension des Nationalen driftet die Diskussion sogleich ab, sobald das Stichwort Heimat fällt. Von der NPD bis zu den Autonomen, von der Bertelsmann-Stiftung bis zur Zeitschrift Konkret reicht die Unfähigkeit, Heimat anders wahrzunehmen denn als überspannte Heimat. Das ist der fatale Konsens im Dissens: die fixe Idee, Nationalstolz sei eigentlich nur ein anderes Wort für Heimatbewußtsein. Entweder man fordert Heimatbewußtsein ein; dann muß man auch für Nationalstolz sein. Oder man hat etwas gegen Nationalstolz; dann muß man sich auch alle Heimat aus dem Kopf schlagen. Heimatverbände, sei es von Vertriebenen oder Ansässigen, sei es mit politischem oder ökologischen Akzent, sind dann *per se* Brutstätten faschistoider Mentalität. Aufgeklärte Menschen hingegen sind Weltbürger; sie brauchen keine Heimat, zumal sich das, was früher einmal eine halbwegs konturierte heimatliche Umgebung gewesen sein mag, sich im Zuge der mikroelektronischen Weltrevolution immer mehr ins »Virtuelle« verflüchtigt.

Letzteres ist nicht zu bestreiten. Figuren aus Fernsehserien werden, wie schon bemerkt, vertrauter als physische Nachbarn, Chats wichtiger als Kneipengespräche; geschäftliche und persönliche Beziehungen verlagern sich ins Internet. »Die postmoderne Gesellschaft ist durch die Auflösung der traditionellen sozialen Körper gekennzeichnet«, konstatieren Hardt und Negri in ihrem großen gesellschaftskritischen Panorama. Sie beobachten »angesichts des Zusammenbruchs traditioneller sozialer Organisationen und einer drohenden fragmentierten, individualistischen Gesellschaft eine nostalgische Sehnsucht nach den sozialen Formationen der Vergangenheit«, und zwar nicht nur bei der politischen Rechten, deren Beschwörung von »Familie, Kirche und Vaterland« ohnehin bekannt sei, sondern auch bei der »gemäßigten Linken«, wo sich die Klage über den Verlust der »traditionellen Arbeitsformen«, von »Vertrauen, Loyalität, gegenseitige[r] Verpflichtung und Familienbande[n]« ebenfalls im »Rufen nach einem Patriotismus« sowie »in der sterilen Wiederholung längst überholter Gemeinschaftsrituale« ausdrücke. »Gemeinschaftspraktiken, die einst Teil der Linken waren, werden nunmehr zu leeren Schatten von Gemeinschaft«. »Die alten sozialen Körper, auf denen sie einst ruhten, gibt es nicht mehr. Das Volk fehlt.«[34] Stattdessen gebe es die Menge, die »Multitude«, »eine Art soziales Fleisch«, das zurück bleibt, wenn die traditionellen Formen von Familie, Kirche, Militär oder Staat, in die die Menschen bis anhin gepreßt waren, sich auflösen. »Das Fleisch der Multitude ist reines Potenzial, eine noch ungeformte Lebenskraft und damit ein Element sozialen Seins, das fortwährend auf die Fülle des Lebens abzielt«, »eine elementare Kraft, die das soziale Sein ständig erwei-

---

[34] Michael Hardt / Antonio Negri, *Multitude*. Krieg und Demokratie im Empire, Frankfurt/Main, 2004, S. 214–216

72

tert, indem sie über jedes traditionelle politisch-ökonomische Maß hinaus Werte produziert.«[35]

Die Konstellationen, die vorerst dabei herauskommen, fallen allerdings, gemessen am poetischen Ton dieses Fleischeshymnus, eher prosaisch aus: »Schwulenorganisationen wie ACT-UP oder Queer Nation bis hin zu den Demonstrationen der Globalisierungskritiker in Seattle und Genua«.[36] Sie konstituieren sich elektronisch, was gewiß ungekannte Möglichkeiten eröffnet. Im Nu kann man Gleichgesinnte erreichen, einen Boykott oder eine Kampagne lancieren und eine kleine Aktion in eine Lawine verwandeln. Ebenso schnell kann man sich freilich auch wieder ausklinken, sobald die Sache Geduld oder Zähigkeit erfordert. Das liegt an der Ambivalenz der Telekommunikation selbst. Keine Frage, daß sie bestimmte Entscheidungs- und Willensbildungsprozesse, die zuvor nur auf langwierigen Umwegen zustande kamen, durch Direktverbindungen aufs Drastischste abzukürzen vermag. Das Versteigerungsprogramm »eBreviate« ist das schlagendste Beispiel dafür. Doch auch diejenigen, die durchs Netz nicht zu Geschäftsabschlüssen, sondern zur Gemeinschaft gelangen wollen, bekommen zu spüren: direkte Verbindung ist nur *ein* Aspekt von Nähe. Wo man per Mausklick kommen und gehen kann, ohne all die Reibeflächen und Ver-

[35] Op. cit., S. 216 f.
[36] Op. cit., S. 216

bindlichkeiten zu spüren, die ein persönliches Zusammentreffen oder -leben mit sich bringt, bleibt der Kontakt der ewige Anfang einer Annäherung, zu der es nicht kommt. Umfassende menschliche Nähe im Sinne von wechselseitiger Teilnahme und Einfühlung kann sich nur allmählich in längerem Zusammenleben und -erleben bilden. Dazu aber bedarf es am dringendsten, was die neue Kommunikationstechnologie am meisten einsparen will: Zeit.

Netzwerken kann man nicht anwachsen. Sie können weder Heimat bilden noch ersetzen, wie an Säuglingen leicht ersichtlich. Das erste und am tiefsten prägende Anwachsen an eine Umgebung geschieht in einem Alter, wo Kinder sich für Saugen und Hautkontakt interessieren, genug damit zu tun haben, Gestalten fixieren zu lernen und das eigene Muskelspiel auszuprobieren – und zur spezifischen Wahrnehmung dessen, was Massenmedien ausstrahlen, noch gar nicht in der Lage sind. Wenn sie aber so weit sind, daß sie bewegte Bilder identifizieren können, dann haben sich entscheidende Vertrautheiten durch den unmittelbaren Umgang mit den nächsten Angehörigen und Objekten längst eingestellt. Kinder, die nicht an den vertrauten Stimmen ihrer ständigen Bezugspersonen den Sinn für Sprachstrukturen entwickelt, nie ein Stofftier ertastet, nie an Bilderbüchern zweidimensionales Gestaltsehen gelernt haben, vermögen selbst im allabendlich wiederkehrenden Sandmännchen kaum mehr wahrzunehmen als Pixel und Geräusch.

Was allerdings durchaus geschehen kann, ist, daß eine audiovisuelle Kulisse, die Kinder von klein auf umgibt, zum Bestandteil ihrer vertrauten Umgebung wird, so daß sie Entzugserscheinungen bekommen, wenn ihnen der laufende Fernsehapparat fehlt, auch wenn sie sich für die Details seiner Bildfolgen nur sporadisch interessieren. In der Tat, Fernsehbilder sind zu einem integralen Bestandteil moderner Heimat geworden und machen immer unklarer, wo Heimat beginnt und wo sie aufhört. Ereignisse aus aller Welt sind über den Bildschirm in meinem Wohnzimmer zu Gast. Doch Fernsehbilder können, wenn sie immer wieder in ähnlicher Weise ablaufen, günstigstenfalls heimatliche Kulisse werden. Eines aber können sie nie: Heimat stiften. Sie brauchen nämlich, damit sie gesehen werden, stets ein Hier und Jetzt, einen bestimmten Ort, eine lokale Konstellation von Vertrautheiten. Nur um einen solchen Heimatkern herum können sie selbst Heimat werden, aber sie können ihn nicht schaffen. Er muß schon da sein.

Allerdings hat die Globalisierung den unveräußerlichen lokalen Kern von Heimat in eine paradoxe Situation hineingezogen. Für Einwanderer nach Mitteleuropa oder in die USA ist es inzwischen kein technisches Problem mehr, die Fernsehprogramme ihrer Heimatländer zu empfangen – und daher eine ständige Versuchung, die Kontakte mit der Außenwelt in der neuen Umgebung auf das Nötigste zu beschränken, sich in den Wohnbereich zurückzuziehen und sich dort in der vertrauten heimischen Medienlandschaft häuslich einzurichten. So kann man zum Beispiel mitten in Deutschland, umgeben von türkischer Fernsehkulisse, sein gewohntes türkisches Leben mit türkischer Familienraison fortsetzen. Man hat nicht mehr nötig, in der neuen Umgebung heimisch zu werden. Man hat die alte dank Hochtechnologie mit auf Wanderschaft genommen. Ausgerechnet der globale Zugang zu allen Fernsehkanälen fördert einen neuen Regionalismus. Mobil gewordene Heimaten können in alle Welt mitgeschleppt werden, ohne der neuen Umgebung, in die man sie mitnahm, anzuwachsen. Sie sind ohne Bodenhaftung: produzieren einen Regionalismus, der den Charakter der Region auflöst. Deren landschaftliche, ethnische, kulturelle, sprachliche Besonderheiten verlieren ihre Verbindlichkeit. Warum soll man noch die Sprache oder die Gepflogenheiten seiner jeweiligen Umgebung annehmen. Die sozusagen im Migrationsgepäck mitgeführte heimatliche Fernsehkulisse ist zwar nur der mediale Repräsentant von heimatlichen Vertrautheiten, die durch viel Unmittelbareres geprägt worden sind als durchs Fernsehen, etwa durch Mütter, Väter, Familien, Sippen. Aber sie ist stark genug, um die Entstehung von konfliktträchtigen Parallelgesellschaften zu fördern:

türkischen, arabischen, russischen in Mitteleuropa, lateinamerikanischen in den USA.

Bewegte Bilder und elektronische Marktplätze haben eine unheimliche Gewalt gewonnen. Sie überstrahlen das, was die neoliberale Globalisierung von Heimat übriggelassen hat, wie ein Überbau die Basis; ja sie durchdringen die physische Basis selbst und machen die Konturen von Heimat unschärfer denn je. Doch damit geben sie der Heimat auch etwas von jener alten Vagheit zurück, die ihr selbstverständlich war, ehe sie durch das Ziehen von Staatsgrenzen zur Nation zugeschnitten, aufgeblasen, überspannt wurde. Zur Heimat gehört, daß ihre Grenzen »nicht festgestellt« sind. Nur als »nicht festgestellte«[37] kann sie lebendige, konkrete Heimat sein, allerdings stets unter dem im 1. Kapitel genannten Vorbehalt, daß erlebte, konkrete Heimat strenggenommen immer schon zweite Heimat ist, nämlich Ersatz, Stellvertreter einer allerersten, die selbst nie erlebt wurde und doch der Fluchtpunkt aller erlebten ist, oder, um es mit Ernst Bloch zu sagen, die »allen in die Kindheit scheint und worin noch niemand war«.[38]

---

[37] In dem Doppelsinn von nicht fixiert und nicht konstatiert, in dem Nietzsche den Menschen »das *noch nicht festgestellte Tier*« nennt (Friedrich Nietzsche, *Jenseits von Gut und Böse*, § 62).

[38] Ernst Bloch, *Das Prinzip Hoffnung*, Bd. 3, Frankfurt am Main 1959, S. 1628

Heimatkunde, die auf dieser Basis arbeitet, ist sich bewußt, daß alle Vertrautheit, die das Anwachsen an eine Umgebung, das konkrete Erleben von Heimat beschert, immer auch von Schock, Ausstoßung, Verlust zeugt. Heimatbildung ist eine Art Vernarbung, erlebte Heimat daher nie »rein«, nie »heil«, aber doch oft heilend. Ihre Vertrautheit ist nie Versöhntheit, aber vielleicht deren schönster Vorschein. Ist aber derart die Spannung bezeichnet, in der alle konkrete Heimat steht – und alles Lebendige steht in Spannung –, dann kann die kritische Heimatkunde beginnen: diejenige, die Heimat und Nation zu scheiden weiß und den Augiasstall ihrer Vermengung endlich ausmistet. Zu ihrer Elementarlehre, die die Primärprozesse der Vertrauensbildung ernst nimmt, gehört übrigens durchaus auch die Kenntnisnahme von Kinder- und Volksliedern aus der näheren Umgebung sowie die Aufmerksamkeit für ihre Landschaften und Biotope: eine kollektive Wahrnehmungs- und Gedächtnisarbeit, die weder sentimental zu überhöhen noch lächerlich zu machen, stattdessen durch die modernsten Mittel medialer Repräsentation zu unterstützen wäre.[37] Solche

[37] Man mag zu Adorno als Komponist stehen, wie man will. Doch daß unter seinen Stücken für Singstimmen unverhältnismäßig viele Vertonungen von Kinderliedern sind, daß er gerade an ihnen die Ausdrucksmittel freier Atonalität erprobte, zeigt, wie wenig er den Sinn für Primärprozesse verloren hatte. Wem es ernst damit ist, »die Kindheit verwandelnd einzuholen«, der darf gerade diese Sphäre nicht aussparen.

Arbeit wäre, solange sie immun gegen den national-
staatlichen Virus bleibt, politisch völlig unbedenklich;
ja gerade sie könnte den Blick für die spezifische Hohl-
heit der Nation unter den Bedingungen rasant be-
schleunigter globaler Kapitalzirkulation schärfen.

Wohin diese Zirkulation führt, ob ihre Flüchtigkeit
schon die Auflösung des Kapitalismus ankündigt, wie
ja auch dessen fortschrittlichster Produktionstrick, das
outsourcing, die Verwandlung von Arbeitern in Minia-
turfirmen, in selbständige Lieferanten von Produkten,
sich unversehens wieder dem vorkapitalistischen Ver-
lagssystem anähnelt; oder ob schließlich eine ver-
schärfte globale Energiekrise zu einem Kollaps führt,
nach dem sich um neue regionale Energiezentren neue
– oder womöglich wieder sehr archaische – Gemein-
wesen formieren werden: wer soll das wissen? Wie die
kapitalistische Vergesellschaftung ohne Nationalstaaten funktionieren soll, ist nicht absehbar. Da aber kein
Gesellschaftssystem für die Ewigkeit gemacht ist, auch
der Kapitalismus nicht, ist es zumindest nicht ganz ab-
wegig, die Gedanken schon einmal über ihn hinaus-
schweifen zu lassen und sich zu überlegen, welche hö-
here Form von Globalisierung ihn ablösen könnte. Da
gibt es zum Beispiel den großen Gedanken Immanuel
Kants[38] von der Weltgesellschaft als einem Völker-

---

[38] Immanuel Kant, *Zum ewigen Frieden. Ein philosophischer Ent-
wurf, 1795*, Werke (ed. W. Weischedel), Bd. XI, Frankfurt am
Main 1968, S. 191ff.

bund. Wie wäre es, diesen Bund nicht länger national-
staatlich zu fassen, sondern als einen Bund von Heimaten – und damit dem Wort »Heimatbund« eine
Wendung zu geben, wie sie sich alle bestehenden Hei-
mat- und Vertriebenenverbände nicht träumen lassen?